JN233981

福祉の人間学入門

木原孝久 著

本の泉社

はじめに

福祉関係者に人間論が欠けている

　最近、ヘルパー2級研修の中の「高齢者・障害者の心理」という部分をときどき受け持っているが、そこで私は「福祉の人間学」を展開してみる。福祉に関わるあらゆる営みの背後に、まぎれもなく人間がいる。その人間には特有の心理があって、その福祉の営みを事実上「支配」している。その点では、なにも高齢者と障害者にかぎらない。高齢者の福祉にかかわるヘルパーも、担い手に共通の心理に支配されているはずである。そちらも議論しなければフェアでない。

　意外なことに、これがまた（自分でこんなことを言うのもおかしいのだが）じつに好評なのだ。「こういう発想は、初めて聞かされた」と、講義が終わったあと、私の方を凝視している。「変わった人だ」といった顔をしている。福祉に関して、まず人間論から説き明かすのは、今の時代ではよほど珍しいことなのだろう。

　そのとおりで、本当に信じられないほど、福祉関係者は、福祉の理論展開をする際に、人間論を省略している。福祉系の大学の科目の中に「人間論」なんてあるか。そこから奇妙な事態が起きている。

「困った人は助けを求めるはず」？

　今の福祉の理論と実践は、人々は困ったら「助けて！」と言うはずだ、という前提で成り立っている。その人に助けの手を差し伸べれば、相手は満足し、「ありがとう」と言うであろう、と。その証拠に、ある福祉サービスを新たに作り出したとき、そのサービスを実

際に当事者は「欲しい！」と言うであろうかというチェック・システムが、サービス機関にできているか。そんなものはあるはずがない。サービスを作り出せば、必ず相手はそれを欲しがるだろうと決めてかかっているからだ。

ところが現実はそうでもない。全国に講演に出向くと、決まって主催者が私にこう言うのだ。「ここは変わった町で、人々は困っても『助けてほしい』と言ってこないんで、困っています。ぜひあの人たちの意識を変えるような話をしてほしい」と。どこへ行っても、こういう要望が出てくる。

こんな事態に福祉関係者はどう反応しているか。せっかくこちらが助けてあげようというのに、助けを求めてこないというのは、住民の意識が低いからだ、となる。そこで新たに「福祉教育」という分野が誕生した。その専門の学会まででき ている。

そのとき「なぜ？」という言葉が浮かんでこない。介護保険の時代になっても、助けを求めてこない人たちが、一定の率で居る。理屈から言えば、介護保険料を払っているのだからサービスを受けないと損である。自己負担があるといっても、ただそれだけで助けを求めないのではあるまい。裏に何かある。そういう疑問を福祉関係者は抱かないらしいのだ。

おもしろいことに、助けを求めてこない住民を軽んじている一方で、福祉関係者自身、福祉サービスを受けることを「絶対にイヤだ！」と思っている。それ以前に、活動家もプロも「この私は助けられる側には絶対に立たない」と思い込みながらやっているのだ。

人は困ったとき人間的になる

そもそも「福祉」という営みは、きわめて人間的な営みではないのか。特に私たちは、自身に福祉課題が生じて、いよいよだれかに

助けてもらわざるを得ないとなったとき、いろいろな意味で「人間的に」なる。困ったことをオープンにし、助けを求めるという行為は、だれにとってもそうだが、人間としての危機である。その危機が、当人に複雑で、どこか矛盾に富んだ、一見不可解な言動をさせるのだ。

　一方、人はだれかを助けようというとき、あるいはプロとして福祉サービスを当事者に提供しようというとき、意外なほどに「人間」を忘れ、機械的に行動する。

　町内会で域内の福祉課題に取り組もうとする。そのときやることはどこも同じだ。福祉部なるものを作って、リーダーや委員を選出する。では域内にどんな福祉問題があるのか、とりあえずはアンケート調査をしようとなる。「なにか困ったことはありませんか」といった用紙を各戸に配布する。たいていは「ありません」といった答えが返ってくる。

　一つや二つ、出てきたら、それに対してどんなサービスをしようかとなる。見守り活動をとなれば、福祉委員と民生委員などがチームを組んで対象者宅を訪問しようと決まる。ところが対象者宅を訪れるや、「ウチは結構です」と門前払いをくらわされる。留守という場合もある。「せっかく訪問してあげたのに」と不満が絶えない。というわけで、各地で町内会の福祉部ができたものの、活動自体はたいして広がっていない。福祉をする側とされる側のミスマッチだらけなのだ。

ミスマッチは「人間論」欠如のせい

　これらのミスマッチ現象のあらゆる場面に、人間論の欠如が影響している。町内会福祉部の幹部向けセミナーで、彼らの悩みや疑問に答えようという場面で、なんとなく人間論を提示してみる。例え

■ はじめに

ば…「せっかく住民の人たちにサービスを提示しようとしているのに、相手が反応しないと怒っておられるが、では皆さんが困ったとき、皆さんが提示している『お助け１１０番』に電話をしますか？」と聞くと「そりゃ、イヤだよ」とくる。

自分がイヤなことは住民だってイヤに決まっている、という点まで思いが到らないらしい。顔の見える間柄同士で助け合いをすることがいかにむずかしいことか、それに気づいていれば、もう少しサービスの提示の仕方に工夫をするはずなのだ。

人間を知ってこそ、正しい福祉ができる。あたりまえといえば、こんなあたりまえの話はないのに、これがまだ奇異に映るのだから、変わった世界である。

ちなみに、本書で展開されているような人間論を基盤にして、新たに福祉のあり方を構築し直したのが拙著『わかるふくしの発想』（ぶどう社）である。興味をもたれた方は、そちらも読まれたらいいだろう。

福祉の営みの中で「人間」を掘り下げよう

では人間のどんな心理機構を知る必要があるのか。本書でそれを一応、構造化し、それぞれの項目ごとに、事例を含めて解説したわけであるが、厳密に言えば、知るべきことはほとんど無限、といってもいいかもしれない。

とにかく、福祉の営みをしながら、その中でできるかぎりでいいから、人間というものを考えよう。そう提案したいというのが、私の本意である。人間というものは、こういう場合にはどう反応するものなのか、その心の内はどうなっているのか、などと考えていくのだ。考えただけ、あなたの福祉活動に必ずや、よい成果をもたらすだろうと私は確信を持っている。

ことわっておくが、これから私が展開する人間論がすべて、客観的に正しいとは言えない。かなり主観的であり、偏見もあると思う。しかも私は心理学の専門家でもない。一介の福祉関係者にすぎない。そんな私が勝手に考えた成果であって、読者はこれらを「参考」程度に読んでいただいて、それぞれご自分なりの人間論を展開してほしいと思う。

　それに、私の表現の仕方は、かなり断定的である。「担い手は相手の立場がわからない」などと。ちょっと考えればわかることだが、この表現にしても、そう単純には言い切れない。「相手の立場がわかる」人もいるかもしれない。人によりけり、という言い方もできる。ではなぜこんなにも断定的に言っているのか。私たち、特に担い手の人たちは、なにかといえば「相手の立場になって」とか「身になって」と言う。しかし、はたしてそんなに簡単に「相手の身になる」ことができるのか。いや、私たちの心の奥底では、むしろ「相手の身になりたくない」という願いというか性向が働いているのではないか。

　という場合に、本書では思い切って「相手の身になりたくない」と言ってみているのである。そういう私たちの心の奥底の意外な性向を思い切って表に出してみた、という程度の意図である。人によってはこの「性向」を克服しているかもしれない、克服できていない人もいるかもしれない、それは人それぞれだ。いずれにしても、私たちの性向の一つとして、こういうことが言えるのではないかと本書は提案するのである。断定的な言い方は、そういう意図のもとになされているとご理解いただきたい。もうひとつ、私の主張の中には、いわゆる「ヤバイ」表現や発想もたくさん入っている。こんな発想をしていいのか、こんな表現をしていいのか、これでだれかが傷つくのではないか、といった危惧をもたれる方も少なくないは

■ はじめに

ずである。福祉関係者が人間論を避ける理由の一つがこれかなとも思うのだ。

　しかし、人間性を思い切って奥深くまで掘りすすみ、半ばタブー化されている部分にまで踏み込まないことには、本物の福祉を構想することはできない。文字通り「建て前論」で終わってしまう。その建て前論でつくられてあるのが今の福祉ではないのか。アブナイ発想や表現も、このような意図のもとに発せられたのだということをぜひご理解いただきたいのである。

　それはともかくとして、福祉にまつわる「人間」をいろいろな角度から分析していくと、つくづく人間というものは複雑怪奇な、というか矛盾に富んだというか、そんな存在だと思う。その複雑怪奇な人間が作り上げた福祉というものも、本当は私たちが想像している以上に複雑怪奇であるはずなのだ。そう考えると、関係者が作り上げた福祉のシステムは、人間というものをなんと単純に見ていることか！

担い手の心理と受け手の心理を骨格にして

　さて、ここで本書の構成について、簡単に触れておこう。図をご覧いただきたい。大きくは福祉の営みを、担い手（助けの心理）と受け手（助けられの心理）に分けてある。しかも、担い手の心理では、別に「活動（者）」の心理を扱っている。同様に受け手の心理では、別に「当事者の心理」を扱っている。

　この両者に直接間接に関わってくることでもあるが、福祉に関わる心理の中で、日本という国に特有の精神風土に関係した部分がある（これは第5章で扱っている）。もう一つ、人間に共通の心理（生物学的な要因も含めて）というものもある。むろん、担い手の心理と受け手の心理の中にも、人間に共通の心理や日本という国に特有

の精神風土に関連したものも入っているが、それはお読みになっている間にわかってくるはずである。

　これらの項目のどれもが、それぞれ独立した文章になっているので、どこから読みはじめても結構である。

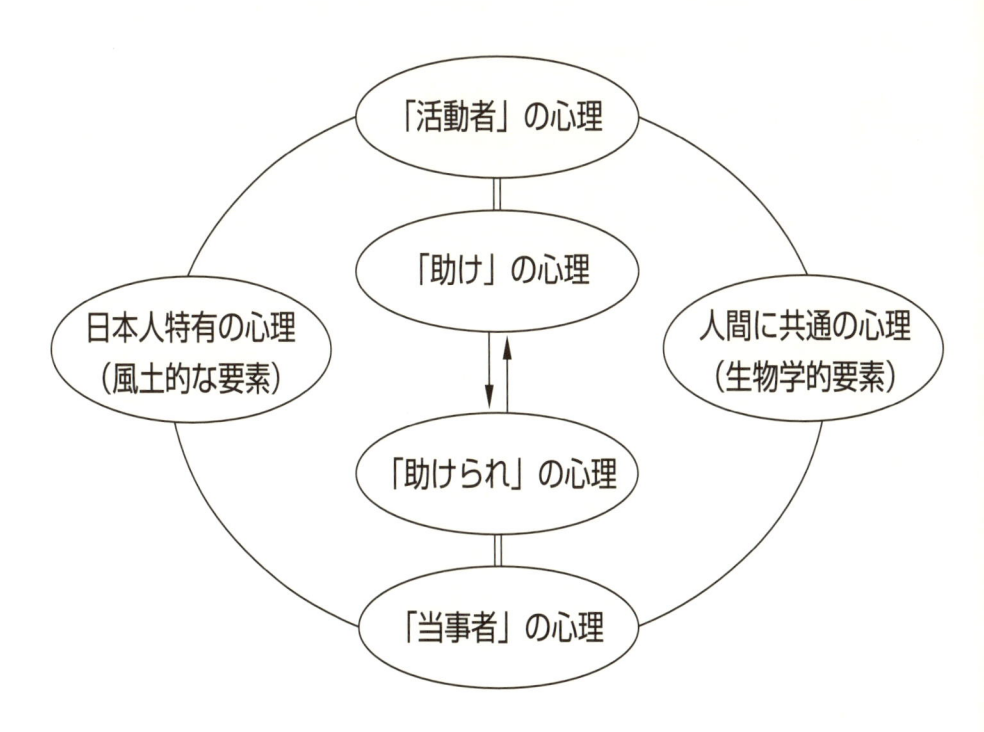

```
                    ┌─────────────┐
                    │「活動者」の心理│
                    └─────────────┘
                           │
                    ┌─────────────┐
                    │ 「助け」の心理 │
┌──────────────┐    └─────────────┘    ┌──────────────┐
│日本人特有の心理│          ↕          │人間に共通の心理│
│（風土的な要素）│                     │（生物学的要素）│
└──────────────┘    ┌─────────────┐    └──────────────┘
                    │「助けられ」の心理│
                    └─────────────┘
                           │
                    ┌─────────────┐
                    │「当事者」の心理│
                    └─────────────┘
```

■　はじめに

目　次

はじめに

第1章　「助け」の心理
1．担い手は受け手の立場がわからない
　　――自身も助けられてみる以外に解決法なし　12
2．活動者は足元の対象に気づかない
　　――「迷惑な客」をそれと見極める目ありや　18
3．担い手は対象者の福祉水準を上げたくない
　　――「恵まれない人」が恵まれるのは困る？　26
4．人はどのようにしてやさしくなるのか
　　――整理してみよう「やさしさの心理学」　33
5．絶対的権力は絶対的に腐敗する
　　――福祉施設・病院・学校が三大危険地帯　40
6．やさしさと残酷さは紙一重
　　――これぞ人間世界の妙味だ　47

第2章　「活動者」の心理
1．奇怪な「自発性信仰」の蔓延
　　――「強制」と「自発」の間はファジーだ　58
2．「動機」絶対主義の国
　　――不純な動機は不純な活動を生むか？　65
3．みんな「見返り」を求めていた
　　――これが人間の最も自然な反応だ　76

4．活動を始めるには清水の舞台から飛び降りる勇気が要る
　　──やる気が出ても、24時間のいのち　84
5．地域の優れた活動はクセのなせるわざだった
　　──地域では「福祉は人なり」が絶対原則　92
6．男に地域活動の最前線を任せるな!?
　　──男性と女性の遺伝子の違いにご注目　97

第3章　「助けられ」の心理

1．心の貸借対照表
　　──サービスの受給一方の人をつくる残酷　106
2．助けを求めるのはとてつもなく敷居が高い
　　──「私が見込んだ人ならいい」？　111
3．対象者は個人的おつきあいを望んでいる
　　──それでは「やった」気がしない？　119
4．対象者ほど担い手の立場になりたがっている
　　──痴呆や寝たきりの人ほどボランティアに？　126
5．老人はなぜ「ありがとう」を言わないのか
　　──福祉は当事者主役の時代へ　133

第4章　「当事者」の心理

1．施設入所者はなぜ「幸せそう」なのか？
　　──要求水準の法則　142
2．弱者は逆転満塁ホームランを狙っている
　　──強者とは別の道でトップに　148

3．「同病」で癒し癒され
　　──セルフヘルプグループの意外な効用　158
4．福祉とは「破れ鍋に綴じ蓋」のことだった
　　──お互いの不足分を補い合えばハッピー　160
5．なぜ障害児はいじめられたのか？
　　──だれもが「むかつき症候群」に罹ったとき　174
6．住民向けに偏見差別大歓迎集会を開く精神障害体験者たち
　　──当事者の心の持ち方で難題も軽く克服　182
7．未亡人準備学習ができる国とできない国
　　──自分という「未来の当事者」に備えるセンス　189

第5章　ニッポンの「福祉」風土
1．「半個」の文化
　　──改めて日本人の文化を整理してみたら　198
2．レッテル貼り人種
　　──ボランティアへの「壁」　203
3．「身内」大好き人種
　　──日本人の善意は「身内限定」型　209
4．みそぎの儀式
　　──歳末たすけあいの心理学　217
5．人身御供の文化
　　──誰かを差別しなければ安心できない　225

■付録■　福祉の人間学・総括表　233

あとがき　239

Capter 1

第1章
「助け」の心理

　助けられる側の心理が複雑であるのと好対照で、助ける側の心理は意外に単純である。その単純さが災いして、助けられる側の立場を理解することができにくい。専横や無神経など、さまざまな欠陥を露呈してしまう。それをどこまで自制するかが問われている。それも含めて、私たちはどのようにして「やさしく」なるのだろうか。

1. 担い手は受け手の立場がわからない

―――自身も助けられてみる以外に解決法なし

受け手への理解を阻む壁

　サービスの担い手は受け手の立場がわからない――などというと、何十年も福祉ボランティアやサービスをしてきた人は反論するかもしれない。私自身「本当なのか？」と疑いたくなるほどである。

　しかし私の方も何十年、ベテランのヘルパーや民生委員、ボランティアなどと接してきて、冒頭のショッキングな「定理」（？）はまちがいないと思うのだ。彼等（彼女等）はたしかに思いやりの心で相手に接しているはずである。「思いやる」とは相手の立場を真剣に考えることだから、それを何十年もしてくると、いつかは相手のことがよくわかるようになるだろう―と考えてもおかしくない。

　むろん、ある程度はそうなのだろうが、ここで言いたいのは、それでも担い手が対象者のことを理解しようとするときにそこに大きな壁（バリアー）が横たわっているように見えて仕方がない、ということなのである。

「施設は私が入る所ではない」

　新聞にこんな投書が載った。ある高齢の女性が娘から提案された。「今日、老人ホームに見学に行くんだけど、一緒に行かない？」彼女も一度は見学したいと思っていたので、ちょうどよかったと応じた。ひととおり居室や娯楽室、食堂などを見て回って、自分が予想していたよりいい所じゃないかと思った。入所者も明るく、しあわせそ

うだし…などと自身も明るい気持ちになりながらホームの玄関に降り立ったとき、ふと思い立った。「もしや…」娘はこの私をここへ入所させるために、私の反応を見ようとしていたのか？

まだ娘には確認していないのに彼女は「目の前がまっ白になった」といった表現をしていた。ちょうど「あなたは残念ながらガンでした」と宣告されたときのあの心境に近いのではないか。

ということは、彼女が「入所者は結構しあわせそうじゃん！」とか、「なかなかいい所じゃないか」と思ったり言ったりしたとき、「自分はここには絶対入るような人間ではないのだ」という前提があったことになる。あの入所者と自分とは全く別の種類の人間で、間違っても私があの入所者の立場になることはないと決め込んでいる。だからこそ「もしや…私がここの入所者に！」とただ想像しただけでも「頭がクラクラする」ほどの衝動が押し寄せるのだ。

このように人間は、世にあるような不幸が私には訪れまいという期待が確信にまで発展する。そこから、私は福祉の対象者になることはないのだという思い込みができる。もっと進んで、私自身にその状態が例え訪れてもそれを意識の奥底に押さえ込んで、表象に出てこないように必死の努力をしている。

私の亡き母でこの体験がある。母が直腸ガンになったとき手術によって人工肛門をつけた。「お前、もしかして私はヘンな病気にかかっているんじゃないだろうね」と息子の私に念を押すことたびたびであるが、私はそのたびに「とんでもない！」とわざとおおげさに否定したものである。この母には「告知」は適当でないと判断したからだ。

その母がまだ元気な頃（すなわち、まだ病気にかかる前に）、彼女の弟が長年、人工肛門をつけていた。その「弟」のことを母はおかしそうに私に言ったものである。「人間っておもしろいね。あれを付

■ 第1章「助け」の心理

けていれば自分が今どんな病気にかかっているのか、わかりそうなもんだけどね」。それに気付いていない弟の不可思議な心理を突いたわけだ。そう言っていた母が、いざ自身人工肛門をつけてみると、やはり同じ「不可思議な心理」に取り込まれているではないか！そう書いている私が自身、人工肛門を付けたら同じ「心理」に取り込まれるものなのか？

当事者の身になりたくない

　ある福祉のシンポジウムで、フロアからこんな「意見」が出た。障害児を抱えた母で、自分の子を「障害児」とは認めたくないと、必死にがんばってきたが、普通校ではついていくのに限界がきて、やむなく特殊学級へ移った。その時のつらい気持ちを切々と語ったのである。

　その後、「障害児を抱えた親の会」に入ろうかどうかで、またひと悩みした。この会に入るということは、わが子が正真正銘の「障害児」であることを自他に宣言したことになる。まさに「清水の舞台」から飛び降りる気持ちで入会届けを出した、と涙ながらに語ったのだ。自分が「福祉問題」を抱えていることを自覚したくない－という気持ちは複雑な反応を生み出す。自分が抱えている悩みは平気で言うくせに、それを「福祉問題」だと指摘されることは拒否する、とか。

　先日、生協の幹部（みんな女性）と食事をしながら懇談していたら、その一人がグチを言い出した。「ウチの夫はいつも帰りが遅く日曜は家でゴロゴロしている」うんぬんと。そしたら、他の女性もすぐさま「乗って」きた。「ウチの夫なんか、私を殴るのよ」「まあ！」「ウチの夫はもっとひどい」と話はエスカレートするばかり。食事そっちのけで、夫の悪口フィーバーとなった。

それを聞いていた私が、「そんなにそれが問題ならば、食品の共同購入よりも、そっちの方に先に取り組んだら？」と水を向けると一同シーン。一挙に座はシラけてしまった。私が彼女等の悩みを、そこまできたらもう「福祉問題」だと解釈してあげたのが、彼女等をシラけさせたわけだ。

　最近、東京に「夫在宅ストレス症候群の妻の会」といったグループが生まれた。夫が家に居ると頭痛がするという妻たちのセルフヘルプ・グループだが、先ほどの生協の幹部たちの対応と比べると、この会がいかにすぐれているかわかるだろう。自分が人間らしく生きるのを阻んでいるものが、足下にいる夫であることを、しっかり自覚しそれを公表し合い、その「問題」を協同して解決するためにグループを作った。

　じつは「福祉」の営みの中で最も難しいのはこのあたりなのだ。それがみんなできないで苦しんでいる。彼女等はこれを見事に克服した。人間はそれほどに、自身が福祉問題を抱えていることを自覚したくない。したがって、そういう問題を抱えている人（つまり自分の活動の対象者）の立場に自分の身を置いてみることも、つらい。だから相手の身に、できればなりたくない、という抑制が働く。活動者がサービスの受け手の気持ちがわかりにくいというのには、かくのごとき「からくり」があった。

患者に課す検査は自分も

　では、こんなむずかしい「壁」をこえて、それでも相手の立場になるには、どういう努力をしたらいいのだろうか。脳外科医が脳腫瘍になった話がベストセラーになった。その脳外科医が入院し治療を受けている間にメモをしていたものをまとめて本にしたものだ。その医者がくどくどと言っていたのが、ほかならぬ「医者は患者の

立場、気持ちがわからない」の一点であった。自分はどちらかというと患者の立場を思いやる医者だと自認してきたが、患者になってみて、とんでもない間違いであった、と。例えば、明日は手術という日、眼科から目の検査をと指示がきた。なにやら検査薬を目に投入されて、遺書を書こうと思っていたのが不可能になった。患者にとってこんな大切な日に、なぜ目の検査が必要なのか？彼は怒りがおさまらない。

そこで彼はこう決意する。もし運良く大学に生還できたなら、提案しよう。自分が患者に課す検査は必ず自分も一度は受けてみること、と。この方法以外にこの難関を解くカギは見当らないというのが氏のほとんど確信にまでなっているようだ。

となると、活動家にとってはやっかいなことになる、自分も助けてもらう立場になってみないと、相手の気持ちがわからない、というのであれば。しかし、やっかいなことではあるが、解決策としてはかなり有力な手ではあるかもしれない。

横浜市でボランティアグループを主催するＳ子さんは、「いつも相手を助けるだけでなく自分も時には助けられる立場になってみなければ」と（ためしに？）メンバーの一人をわが家に招いて、お掃除と母の世話を頼んだ。やってきたその人が開口一番、こうＳ子さんに言い放ったのである。「まあ、Ｓ子さんちって汚いのね。あたしがきれいにしてあげるからね！」

これを聞いたＳ子さん、正直のところ、カチンときた。汚いからこそ来てもらったのだけど、なにもそうはっきりと言わないでもいいではないか。ところが、カチンときたその直後、Ｓ子さんは自分自身も活動先で同じようなことを言っていたのを思い出した。「おばあちゃんちって汚いのね。アタシがきれいにしてあげるからね」。

活動家として名を売っているＳ子さんでさえも、自分がそれをや

られるまでは、気が付かなかった。自分がやられてみて初めて、そういう言い方が相手を傷つけるものであることを悟った。

活動家ほど「受ける」体験を

　そうなると、「ボランティア」といわれる人たちこそ、もっとすすんで「助けられる」立場に実際になってみなければダメだ、ということになる。助けられる体験を積めば積むほど、それが引っくり返って、助ける側の熟練度を増す結果となる。そして助けられる体験を積むということは、「福祉」の一番難しく、かつ大事な部分をマスターできることでもある。

　私はよく言うのだが、「助けられ上手さんはまず間違いなく助け上手さんである。だが、助け上手さんは必ずしも助けられ上手さんにあらず」と。

　助けと助けられ─の双方に熟練している人──これがいま、求められている人なのだ。両刀遣いになって初めて福祉（ボランティア）は「免許皆伝」というわけだ。

2. 活動者は足元の対象に気づかない

―― 「迷惑な客」をそれと見極める目ありや

姑を介護しても「活動」した実感がない

　新聞に、ある老人保健施設の職員がこんな投書を寄せていた。

　…自分の施設にもたくさんのボランティアが来ているが、その中に、自宅で親を介護中の主婦が二人まじっていた。自宅の介護だけでもたいへんなのに、わずかの空き時間を見つけては施設ボランティアに来る。興味を抱いてその理由を尋ねてみたら、こんな答えが返ってきた。ウチでいくら介護をしても「当たり前」。ところが、同じことを施設でやると「ボランティア」と言われる。「ありがとう」と感謝もされる。その「ありがとう」の声を聞きたくて来ていたのだ。

　いろいろ考えさせられる話である。一つには、彼女はやはり自宅で、しかも身内である姑にやっていることに「活動」という実感がどうしても持てない、ということが考えられる。

　東京は某市の福祉機関が30名ほどのボランティア・アドバイザーを養成することになり、その研修会に招かれた。個々に活動するのもいいが、どうせなら一つのテーマで一緒に取り組んだらどうかと提案したら、そうしようということになった。

　では活動テーマを何にするか、彼女等（大部分が主婦だった）に考えさせたら「定年退職者の自立と社会参加」に取り組みたいという。なるほど、それで対象者は地域のどこに居るのかとたたみかけたら、「さぁ…」と考え込んでいる。私は言った。「なにも考えることはない。みなさんの足元に居るではないか！」と。そこでみんな、

大笑い。

自立教育の対象は、足元にいた！

　その後、どうなったのかとその福祉機関の担当者に聞いたら、彼女等はともかく一ヵ月程度でも「夫育て」を実践してみようということになった。いつもは「朝食しか作ってくれない」とグチっていたのを改めて、「おいしい！」とほめたら、今度は昼食までも作ってくれるようになった。ボランティア活動先まで車で運んでくれたので「あんた、こういうのを移送ボランティアって言うのよ」とほめたら、今度はメンバー全員のを運んでくれるようになった。

　そんな劇的な教育効果が現われたという報告がいくつもあったので、彼女等に体験談を書いてもらい、「夫育てのあの手この手集」というタイトルの冊子を作ってあげた。彼女等にとっての最大の成果は、足元に立派な活動対象があるということを初めて自覚できたことかもしれない。私たちはどうしても、足元の活動対象に気づかないのだ。気づいても、それが自分の活動の対象者であるとは思わない。人間の盲点みたいなものかもしれない。

マナーを守らない会員こそ対象者なのに

　「対象者に見えない」だけならまだいい。それどころか「迷惑な対象」に見えてしまうのが、じつはこの問題の深刻なところなのだ。
　先日、長野県の某市を車で走っていたら、ゴミステーションで奇妙な風景に出会った。ゴミ袋が3つほど、紐で吊されている。なんのことかと、脇の看板を見たら「マナーを守らない人は出すな！」とある。その「マナーを守らない」ゴミ袋を、さらし首にしたというわけである。こういうマナーを守らない人のおかげで、町内会の役員は迷惑しているかもしれない。そこでこんな非常手段に訴えた

のだろう。
　町内のいざこざにはいろいろあるが、知人からこんな話を聞かされた。故郷に残した両親が気になるのだと。父はちょっと痴呆気味で、夜中に徘徊することもある。その看病で母も最近、めっきり弱ってきた。その母をさらに苦しめる事件が起きた。いよいよ両親の家にも「隣組長」の番が回ってきたのだ。こんな状態ではとても受けられないと辞退をしたのだが、「決まりは決まり」と相手にされない。母はとうとう、うつ状態になってきたというのだ。
　隣組長の役がイヤで仕方なく引っ越したという人もある。これまた町内会の役員にとっては、町内のルールを守らない「困った人たち」であろう。
　ところで最近、町内会に福祉部やボランティア部を設置するのが流行みたいになっている。ところが、組織は作ったのだが、なにをしたらいいのかわからないと、どこの福祉部も困り切っている。町内で「困った人」がどこにいるのかわからない、と。おもしろいと思われないか。一方では「困った人」（こちらは町内会に迷惑をかける困った人）のことで頭をかかえているというのに、もう一方では「困った人」（こちらは、生活などで困った人）を把握できないで困っている（！）。
　じつは前者こそ、町内会が取り組むべき福祉活動の対象者なのだということに気づかないのだ。ゴミをちゃんと分別して出せないのにはそれなりの事情があるに違いないと考えて、一人暮らしの高齢者には隣組長や有志が手伝ってあげるなどの措置をとれば、それが町内会としての「福祉活動」になるはずなのだ。

一方で苦情処理、一方で社会貢献？

　同じ種類の悩みを企業ももっている。社内の社会貢献部局では、

どんな社会貢献活動をしたらいいのか悩んでいる。他方、苦情処理部門では、日々訪れる消費者などからの苦情の「処理」に忙殺されている。これを先ほどの町内会の場合と重ね合わせてみるとおもしろい。

某化粧品メーカーの幹部からこんな話を聞いた。例によって苦情が来た。あなたのところの化粧品を使ったら肌が荒れた。どうしてくれる、と。そこでその化粧品を調べたうえで、「お客さん、この中には肌荒れ成分は入っていませんよ」と回答した。普通はこの程度で許されるのだが、もう一歩踏み込んで、その客の生活を点検させてもらった。結局、客の食べているお米の中に肌荒れ成分を発見したのだ。

これで企業の対応としては十分なのだが、さらにもう一歩踏み込んで、大学の研究室と提携して、市販の米から肌荒れ成分を取り除く研究をし、ついに成功。これを市販することにした。社としてはそんな必要はないのだが、肌荒れに悩む市民のための「社会貢献としての販売」行為である。その後、しばらく販売を続けていたら、「最近、トントンになった」（幹部談）。

苦情を丁寧に扱ったら商品に！

いい話ではないか。苦情といえば、なるべく穏便に、しかも手早く片付けるのがコツだと誰もが思っているだろう。そうではなくて、これを社会から提起された「活動」と見直してみたらどうか。前述の化粧品メーカーのような対応になり、しかも、その結果が「トントンに」つまり商売になったのだ。

こういう芸当がなかなかできにくい事情は、その苦情のき方を見ればわかるだろう。まさしく「招かれざる客」、「迷惑な客」とみえる（事実そうなのだが）。しかしこの「迷惑な客」こそは、その企業

に社会貢献のテーマを運んできている郵便配達人なのだった。

「筋違いの客」もいる。これも同様に考えればいい。先ほどの化粧品メーカーの幹部からこんな話も聞いた。あるとき老人ホームからヘンな依頼がきた。ベッド部屋で寝たきり老人にシャンプーをしてやっているのだが、洗面所が部屋にないので、いちいち別の部屋から水を運んでこなければならない。面倒なので、水を使わないシャンプーはないのか、という。

そんなものがあるはずもない。しかし、たしかにおもしろい発想ではある。よし、その「水を使わなくてすむシャンプー」を研究してみよう、となった。めでたくそれを開発し、老人ホームに提示して、忘れてしまっていた。

その後にあの大震災である。その化粧品メーカーも美容部員を現地に派遣して「シャンプーをやってさしあげろ」となった。ところが出向いてみると、シャンプーをしてあげようにも、肝心の水が出ない。そこでだれかが思い出した。「以前、老人ホームに頼まれて、開発したじゃないか！」と。早速これを量産して現地に持っていったら、大好評。その後これも新商品になった。めでたしめでたしである。

今は大不況だ。どこからどんな新商品を生み出すか、どの企業も頭を絞っていることであろう。その一方で苦情処理部門は、やってきた苦情をただ排除するだけを考えている。もったいない話ではないか。その苦情の中に新商品のヒントがあるというのに。同じようにして、「筋違いの客」にただただ門前払いをくわせている。その中にこそ新商品のヒントが隠れているというのにだ。足元のニーズに気づかないことがいかに大きな損失であるか、これでわかるはずだ。

「私はカウンセラーの資質があった！」

　埼玉県の某市で裁縫教室を開いていたＳ子さんから、こんな話を聞かされた。彼女は数十年もこの仕事をしてきたが、その間、奇妙なことがしばしば起きた。近隣でいさかいがあると必ず（仲裁してほしいと）お呼びがかかる。教え子の中でも、なにか悩み事があると「先生、一晩泊めて！」と来る。枕を並べて、夜中じゅうグチを聞いてあげたことも何度かあった。受け止めはしてあげたけれども、それにしてもなぜ、問題があると私のところに来るのか、わけがわからない。はっきりいって迷惑な話ではあった。

　あるとき、若い教え子を卒業させたら、その親がお礼に来た。「今だから申し上げますけれど、あの子は精神的に不安定なところがあって、いろいろ治療を受けさせたのですが、なかなかよくならないのです。ダメでもともとという気持ちで先生の所にお世話になったら、病気が治ってしまったんです」。

　驚いたとともにそこで初めてわかった。「私にはカウンセラーの資質があるのだ。みなさん、その資質を（本能的に）見込んで、私の所に来ていたのだ！」と。それにしても何十年間もそのことに気づかなかったなんて…と自分の鈍感さにあきれてしまったというのである。

　そうとわかれば、いつまでも裁縫教室なんかやっていられないと、彼女は廃業を宣言。どうしても教えてほしいという人には番号札を配って、時間のある範囲内で、しかもボランティアで順番に教えてあげることにし、自分は一年間、都内のカウンセリンク教室に通った。めでたくマスターして、今は「どなたでもどうぞ」と待ち構えている。

　足元に来たニーズというものに、いかに私たちが気づかないもの

■ 第1章「助け」の心理

であるかが、この事例でもわかるのではないか。だから、お互いに「なにかいいことをしたい」と思ったら、とりあえず、自分の足元にやってくる「迷惑な客」「筋違いの客」を思い浮かべてみたらどうか。そういう姿勢になっただけでも、だいぶ違うはずである。

小学生が校内で「なんでも相談室」

　ボランティアといえば、まず私たちが思い浮かべるのは、老人ホームに行ったり、難民救済に出向いたりと、とにかく「外へ出る」ことに目が向く。どこの小中学生も、ボランティアをしようとなると、わざわざ地域の老人ホームなどに出掛ける。そういうことが定番になってしまっているから、生徒にボランティアをやらせなければならないとなると、しんどくなる。とてもそんな時間はない、となるのだ。どこかに出掛けるまでもなく、足元にたくさん活動のテーマがあるはずなのだ。

　新潟県のある小学校で6年生が、昼休みに視聴覚教室を使って「なんでも相談室」を開いている。卒業の記念になにかやりたいとなったのが発端。そこで思い立ったのが「相談室」の開設だ。各クラスから何人か派遣して、待ち受ける。その場で対応しなければならない場合もあるので、「すぐやる隊」も設けた。「バレーをやりたいけど人数が足りない」となれば、不足の数だけ派遣する。卒業までの3ヵ月程度をやってみて、150件ほどの相談がきたというから、上首尾だろう。

　いじめが流行っているというので、いじめに関する調査を実施し、その結果に基づいてシンポジウムを開き、いじめられない権利を採択して教室に貼りだす、いじめカウンセラーも選出した、といった事例が、最近ようやく出てきた。足元をさがせば、ホットな活動テーマがいくらでも捜し出せることに、彼らは気づいたのではないか。

先日、駅前にある公民館に講演に行った。夏の暑い日であった。館内に入ると、冷たい空気が充満してなんとも心地よい。2階で無事講演を終えて、階下に降りると、なにかザワザワしている。よく見ると、いつのまにか高齢者たちがいっぱい居て、囲碁や将棋を楽しんでいる。「おや、1階は老人福祉センターでしたか？」と私が職員に言うと、「そうじゃないんです。近所のお年寄りたちが勝手に来ているだけなんです。机なんかも持ち込んだりして、本当に困るんです」と困惑していた。

　駅前で涼しいこの建物は、高齢者たちにとって格好の福祉センターだったのだ。彼らに見込まれていたのに、やっぱり「迷惑な客」と見ている！　私は思わず笑ってしまった。「灯台下暗し」！

3. 担い手は対象者の福祉水準を上げたくない

——「恵まれない人」が恵まれるのは困る？

災害のたびに「古着」騒動

　以前、有珠山の噴火があったが、最近はなんだか災害ばやりである。文明が高度に発達したといわれている割にはその成果は災害防止にはたいして役立っていない。地震予知学会はあっても、現実に起きた地震をピタリ予知できたとは聞かない。

　さてその災害。これも不思議なことの一つだが、どこかで災害が発生するたびに、現地で決まって生じる一つの「問題」がある。全国から寄せられる善意の処理に苦労させられるということだ。

　以前、地震の被害をうけた北海道・奥尻町でもこの問題で関係者は悲鳴をあげていた。寄せられる善意の筆頭は古着だが、これがどういうわけか、汚れがひどかったり古くて使えないものが多い。さりとて、せっかくの善意を焼却処分にするわけにもいかず、こういう品物が、なんと段ボール箱に三百個以上もたまり、保管場所に困ったというのだ。そういえば、長崎の普賢岳でも事情はまったく同じ。あの頃、古着約６トンが捨てるに捨てられず、倉庫に眠っている、と報じられた。

　思い出してみると、私が三十数年前に勤めていた障害者の施設でも、この「古着攻め」に悩まされた経験がある。せっかくの善意なのだからと、なんとか入所者に着せてみようとはするのだが、やはり時代が違うと、まだ一度も使っていない服でも、やっぱりみっと

もなくて着れないものなのだ。あれから三十数年たっても、善意の市民による「古着攻め」は続いているというわけである。

　日本人の「善意」とはいったい何なのか、考え込まざるをえない。たしかに善意には違いないのだろうが、それが「いらないからあげます」型の善意のままにとどまっているところに問題がある。家の中で眠っていた「いらない」古着を、この際あげちゃおうと考える。

　「自分もいらないものなら、相手だっていらないのではないか」とまでは思いが及ばない。断っておくが、それを責めるのが本稿の目的ではない。それよりも、なぜ「思いが及ばない」のか、その心理のメカニズムに関心があるのだ。

「おすそわけ」との違い

　われわれは、ご近所の人に善意を施すときに似たような表現をする。「これはもう要らない物ですからどうぞ」あるいは「余り物ですからどうぞ」。おすそわけ、である。ただこの場合には、いくらいらない物や余り物だといっても、相手がとても使えない、あるいは食べられないような物をあげることは絶対にしない。中身はいい物でも、相手に負担感を与えないためにそういう表現をとるにすぎない。謙遜の表現なのだ。

　ところが災害時になると、正真正銘（？）の「いらない物」をあげてしまう、この不思議。現地でこの古着の仕分け作業にあたっているボランティアが「被災民の生活も昔とは違う。おかしな衣類は着たがらない」といっているが、相手も、昔のような「恵まれない人」ではなく、善意を提供する側と全く同じ生活水準の市民であることに気付いていないのか。よく考えれば、奥尻島で生活している人たちが自分よりも一段低い生活をしているとは思うはずがない。ではなぜ、自分でも使えないような物を平気であげるのか。

■ 第1章 「助け」の心理

一つは、「福祉」という言葉にまだまつわりついている「恵まれない人への善意」というイメージが災いしているのかもしれない。もう「恵まれない人」なんか現実にはほとんどいないはずなのに、「福祉」と考えると、反射的に「恵まれない人」という架空の人物を想定してしまう。いつもふれあっている隣近所の人が相手なら、そんな錯覚は生まれないが、相手が一度も出会ったことがない遠く離れた人だと、脳裏に「架空の人物」をイメージしはじめるのだ。

負担のない善意？

　「いらないからあげる」型の善意が日本で根付いている理由はもう一つある。わが国にはまだボランティアの風土が育っていない。だからちょっとした善意を発揮するのさえ、負担感が重くのしかかる。できるかぎり負担感のない善意の発揮の仕方を（当人も、またボランティアの推進者も）探し求める。

　となると、「いらないもの」をあげるのなら負担はあるまいとなる。わが国の寄付の仕方で普及しているのが、じつはこの「いらないからあげる」型の寄付なのだ。例えば企業や学校で行なわれている「端数募金」。毎月の給料の百円以下の端数を出し合おうというものだ。共同募金会が力を入れている学校募金は、「あきかん募金」。あきかんを各自自分の机に置いておいて、おこずかいやおだちんの中の一円玉や五円玉を入れていき、ある程度たまったら学校へ持参して開缶する。「チリもつもれば…」で、みんなの善意を集めたら、それなりの額になっている。

　古切手や、使い終わったテレホンカードも外国の収集家に渡れば価値が生じるというからくりがあることがわかって、この寄付方法が広く普及している。最近、企業の社会貢献が広がってきたが、活動の柱になっているのもこの古切手の収集などの「いらないからあ

げる」型である。

老人ホームなら刈り上げでいい？

　負担のない善意の発揮の仕方といった理由ならまだ救いがあるが、しかしこの「いらないからあげる」の裏にある「恵まれない人」感覚は、私たちが想像している以上に深刻なのである。
　先日、宝塚市に出向いたとき、こんな話を聞かされた。震災に遭った神戸市の主婦が、2週間ほどして、バスを乗り継いで大阪市に出掛け、衣料品店で下着などを品定めしていた。それを見た大阪市の客の一人が、その主婦にこう話し掛けてきたというのである。「奥さん、こんな所（大阪）まで来てなにしてんの？」下着を買うためにと答えたら、「そんなものは全国からあんたの住んでいる神戸にたくさん来ているじゃないの！（つまり古着のこと）」。これにはカチンときたと、その主婦は言っていたらしい。
　これが、老人ホームなどへボランティア活動に行っている人の心の中にも巣くっていることがわかった。新潟県の柏崎市だったと思うが、そこで開かれたボランティア活動者向けのセミナーで、これからのボランティアのあり方を一緒に考えましょうと懇談形式にした際、たまたま老人ホームにボランティアに行っている女性に、そこでどんな活動をしているか尋ねてみた。彼女は入所している（寝たきりなどの）女性たちにバリカンで刈り上げをしてあげているという。
　なるほどと納得したうえで、「もし相手の老人が、そろそろカットにしてくれと言ったらあなたはどうしますか？」と聞いたら、「ええいいですよ。まだ私はカットをしたことがないけど、それでもよければ」。
　なるほどと、また納得したうえで、「ではもう一つ聞きますが、も

■ 第1章「助け」の心理

しあなたのお隣の奥さんが駆け込んできて、『今日、これから歌舞伎に行くんだけど、ここちょっとカットしてくれる？』とあなたに頼んだら、どうしますか？」とたたみかけたら、彼女、こう答えたのである。「とんでもない！　私はまだカットなんてしたことないんですよ」。

　そこで私は、わざと大げさに「あれっ？」と首を捻った。すると彼女、「先生の言いたいことがわかりました」と首を縦に振った。つまり老人ホームに入所している人なら、まだ一度もやったことがないカットだってやってあげる。失敗しても、まあ仕方がない。しかし、お隣の奥さんには失礼だというわけである。ボランティアの頭の中で、老人ホームの入所者とお隣の奥さんをきっちり区別していた。ボランティア自身、悪気はないのにごく自然にこういうことをしてしまう。そうしている自分に恐ろしさを感じているふうであった。

　カットにしてあげるというだけでも彼女の場合はまだ救いがある。先日、老人ホームでボランティアをしているという高齢の女性から悩みをぶつけられた。ベッド部屋の老人たちが頭を刈り上げられているのだが、モヒカンじゃあるまいに、ひどい刈り上げ方をされている。なぜあんなに刈り込むのか、いろいろ考えていて、納得がいった。老人の髪を洗ったり、衣服を着脱してあげる際に、うんと刈り込んでおけばやりいい、のだと。

　これではあんまりだと、施設長か寮母に、「もう少しおてやわらかな刈り上げ方がないものでしょうか」と進言したら、以後、嫌われてしまった。施設長にも寮母にもシカトされているというからオソロシイ。

若干下のレベルの福祉を

　このようにボランティアだけでなく、福祉関係者自身にも「恵まれない人」感覚が残っていると思わざるをえない。全国でもとびきり優秀と言われている、ある老人ホーム。そこでは痴呆老人のために混浴療法がとられていることで有名だ。園長は全国をこのテーマで講演に飛び回っている。要するに男女を混浴にしたら、痴呆が少し改善されたような気がする程度のことなのだが、大新聞もこの混浴療法を大きく扱っていた。

　ところが、その老人ホームにボランティアに行っているという女性からこんな悩みをぶつけられた。そこの一人の女性がこの混浴方式に困り切っているという。「私もお世話になっている身ですから、たいがいのことは辛抱するつもりですけど、あの混浴だけはなんとかならないものか」と、さめざめと泣くのだという。そんなことも知らぬ園長は、今日も日本のどこかで「わが施設は混浴療法を」などとしたり顔にしゃべくっている。こういう無神経さの裏に、入所者を一段見下した姿勢が見受けられないか。

　となると、悪気はないにしても、事実上、福祉の対象者に対しては、一定の水準以下のサービスでいいといった感覚が、私たちの心の中にあるのかもしれないと思わざるをえない。一定水準とは具体的にはどんな水準なのか。はっきり言ってしまえば、私たちの一般的な平均水準より若干下のあたりを、相手にはあげようというところだろう。それ以上はダメですよ、というわけである。

　私はこうして三十数年も福祉の世界にいてときどき疑問に思うことがある。どうして、例えば障害者の福祉がレベルアップしないのかと。たしかにある程度、改善されてはいるが、しかしそれで障害者の運命がドラスチックに変わったとはとても思えない。

あいかわらず障害者といえば、普通の学校からはじきだされ、養護学校で同じ障害児たちとふれあわされ、卒業したらまた自宅に引きこもるだけ。運のいい子だけが障害者の作業所に「就職」できる。就職といっても、月給は全国平均で３千円から５千円。普通の人なら日給に相当する。バリアフリーとは言いながら、重度障害者にはまだまだバリアーだらけのまちである。そうして結婚とか家を持つとかいった話になると、おはなしにならない。

「福祉水準は上げたくない」がホンネ？

　最近になって、私はこう考えるようになった。障害者福祉がレベルアップしないのは、関係者の努力が足りないというよりは、もともとレベルを上げたくないのだと。恐いことを言うようであるが、そうとしか考えられない。「これ以上は福祉サービスのレベルを上げない」と、関係者同士言い交しているわけではないが、なんとなく皆そういう姿勢で了解し合っているのではないか。

　そう言う私の心の中にも同じような心情が間違いなくある。例えば私の知人の障害者が運よく出世して、私よりもいい服を着て、ベンツなんかに乗って通勤を始めたとする。私は心の中でなんと思うだろうか。「障害者なのになんで……」。障害者が私よりも羽振りのいい生活をするのがなんとなく気に食わない。よく他の福祉関係者とこんな議論をするが、だれもがこんな心理を否定しない。みんな同じことを考えるのだ。

　ではどうしたら障害者は、より上のレベルの生活を享受することができるのか。少なくとも私たちの前述のような心情をいくら矯正しようとしても無駄だろう。方法はもっと別のところにある。

4. 人はどのようにして やさしくなるのか

―――整理してみよう「やさしさの心理学」

虐待の母自身も、幼時に虐待を受けていた

　児童虐待をする母親は、自分も子どもの頃、親から虐待を受けていた、ということが調査でわかった。少年院入所生のなんと50％が、子どもの頃、親から（特に肉体的な）虐待を受けていたことがわかった。

　そういえばＮＨＫテレビが、児童虐待をしたため子どもを取り上げられた親たちのカウンセリングセンター（米国）を取り上げていた。ここで「改善がはかられた」ことが証明されるまでは子どもを返してもらえないので、みんな仕方なく通ってきている。

　そこで奇妙なシーンがあった。その日の集団カウンセリングが終了すると、カウンセラーの指示で、全員、輪になって肩を組み合う。そこで一人一人にこう言わせていたのである。「私は愛されるべき存在だ」と。正確な言い方は忘れたが、ともかくそういう内容の発言であった。普通に考えたら、おかしいではないか。彼らに唱えさせるべきは、「私は子どもにやさしい」といったことではないのか。

「私は愛されるべき存在」と唱えさせる理由

　これを分析する前に、もう一つのことも指摘しておかねばならない。カウンセラーが彼らにこういう質問を出した。「あなたは、子どもの時に親にどういう扱いを受けていたのか？」驚くべきことに、

第1章「助け」の心理

だれもが口々に親に虐待を受けていたのを告白するのである。「そういえば、おやじに毎日のように殴られていたっけ」と一人。「そういえば俺も、鞭で殴られていた」。「俺なんか毎日、『おまえはアホだ』と言い続けられていたから、俺自身も自分はアホだと思うようになったよ」とも。「因果は巡る」という言い方があるが、親に虐待を受けた者が今度は自分でわが子を虐待する。尼崎市で起きた小学生の虐待死。週刊誌によれば、母親はその母親から信じられないほどひどい扱いを受けていたらしい。「あの子はいつかは、どでかいこと（犯罪）を起こすのではないか」とまわりの人たちも気遣っていたという。親に虐待を受けた者は今度はわが子を虐待する。これを敷衍すれば、子どもの頃、親にやさしくされなかった人は、自分も他人にやさしくしない。

　人がやさしくなるには人からやさしくされなければならない、と言うと、「そんなことは知っている！」と突き返されるのだが、現実に同じような悲劇が繰り返されているところをみると、私たちはこの事実を少しも「肝に銘じて」いないようである。今までの記述を一言でいえばこうなる。

人にやさしく（人に大事に）される→
人にやさしく（大事にするように）なる

　しかしこの間にはもう一つの要素が入ると考えた方がいいかもしれない。すなわち

---

①人にやさしく（大事に）される→
②自分にやさしく（自分を大事にするように）なる→
③他人にもやさしく（他人も大事にするように）なる

子どもを虐待した親は、子どもの頃、親にやさしくされなかった（①の裏返し）。その結果、自分にやさしくすることを忘れた（②の裏返し）。その結果、他人にやさしくすることもできなくなった（③の裏返し）。

やさしさ活動をして自分の価値に目覚める

となると、子どもにやさしさを育むためには、この段取りを経なければならないということになる。今、学校で行なわれている福祉教育は、ともかくも③の「人にやさしく」を実践させることで、だんだん人にやさしくなるのではないかと期待しているのだろう。それも間違いではないのだろうが、しかし上記の基本論からすれば、ちょっと…という気もしないではない。

この3段論法からすれば、先ほどのカウンセラーのやり方は正解だとなる。「私は子どもにやさしい」でなく、「私は愛されるべき存在である」と虐待の親に言わせるのは、要するにまず②の段階を強引にでも踏ませようという配慮なのかもしれない。長い間①の段階で「やさしくされてこなかった」彼らに、急づくりにでもいいから②の段階「（自分はアホなんかではなく）大事にされる価値がある」そういう大事な存在なのだと思い込ませることで、③の段階へも進めないか、という期待が込められてあるのだ。「自分自身を大事にしようと思いなさい」と教え込んでいるのである。

全米の少年院で「PPC」という治療プログラムが採用されているという。これは今、述べたような手法が効き目が薄いとみて、新たに開発されたものらしい。つまり、キミは大事にされるべき存在だといくら指導官が説いても「センセイ、気持ちは有難いけど、俺はもう駄目なんだよ」と背を向けてしまう。それなら、他の方法で自身の人間的な価値に目覚めさせる以外にない、ということになった。

■ 第1章「助け」の心理

そこで採用したのは、単純に言えば「ホメ倒し戦術」である。少年を何人かのグループにさせ、仲間同士の助け合いを仕掛ける。例えばA君がB君にやさしくしたとすると、そのA君を「よくやった！」とほめる。B君がC君にやさしくすれば、今度はB君をほめる。だから院内で指導官が絶対に許さないのは「人にやさしくすることなんか価値がない」といった言い方をする者に対してである。

なぜこれに治療効果が現われたのかといえば、やさしくした相手からの感謝、自分は人を助けることができるという思い、これらが「自分は価値がある」という自覚につながっていくらしい。まず③をやらせることで、逆に②の自覚が芽生えるということなのだ。

たしかに、小中学生が老人ホームなどでボランティアをした後に書いた感想文を読むと、「ボクは大したことをしていないのに、おばあちゃんは泣いて喜んでくれました。ボクは感動しました」というのが圧倒的に多い。老人たちが子どもに福祉教育をしていたのだ。感謝されることで自分の価値に目覚める、つまり②の段階を体験したことになる。その成果がさらに③の人への（今度は本物の）やさしさにつながるという循環になるのだ。ということは、ただ老人ホームなどでボランティアをさせるだけでなく、その後のほめ方が重要なポイントになっていると知らねばならない。

当事者組織では①と②と③を同時に体験

最近、セルフヘルプグループが爆発的に広がっているが、このセルフヘルプグループというあり方は、人へのやさしさを育むにはかなり有効な環境ができているといえる。グループの中では①と②と③が同時に体験できるというメリットがあるのだ。自分を大事にすればこそ、こういうグループを作った。そこで仲間を助ける（つまり③）ことで自分の価値に目覚める（つまり②）。仲間に助けられる

（やさしくされる）体験も同時にできる（つまり①）。これがまた自分を大事にする（つまり②）ことにつながる。3つの要素を日々、めまぐるしく体験している彼らから「やさしさ」があふれ出てくるのだろう。現にセルフヘルプグループではほぼ百パーセント、仲間や他の人たちへの相談活動などをしている。自分を大事にする集団でありながら、やさしさに富んだグループでもあるのだ。

自分を本当に大事にするとは？

ところで「自分にやさしい」とか「自分を大事に」と言うと、「いまどきの若者はまさにソレじゃないのか」と言う人がいる。それをジコチュウ世代という言葉で表現されている。自分を大事にしすぎるから問題なのだと言わんばかりである。では、自分を本当に大事にするとは、どうすることなのか。いまどきの若者はその意味で本当に自分を大事にしているのか？

ここで、次ページの図を紹介しなければならない。「福祉する」というのは大きくは二つの行動をとることだとこの図は示している。一つは、自分自身は「人間らしく生きることを阻まれていないか」と点検し、もしソレがあるならば、その除去に自他と共同で取り組む。もう一つは、他者の中にソレがないか点検し、見つかれば、その除去活動に協力する。

ここでいう「自分を大事にする」のは、前者のルートである。このルートを最後まで見ていただきたい。自分が人間らしく生きるのを阻むものが見つかれば、その除去に取り組むのだが、それには三つのルートがある。一つは自力で解決する。二番目はだれかに助けを求める。最後に同じ問題を抱えた者と共同して（これがセルフヘルプグループ）取り組んでいく。

「自分を大事に」するならば、この全部をしっかりと実行できる

■ 第1章「助け」の心理

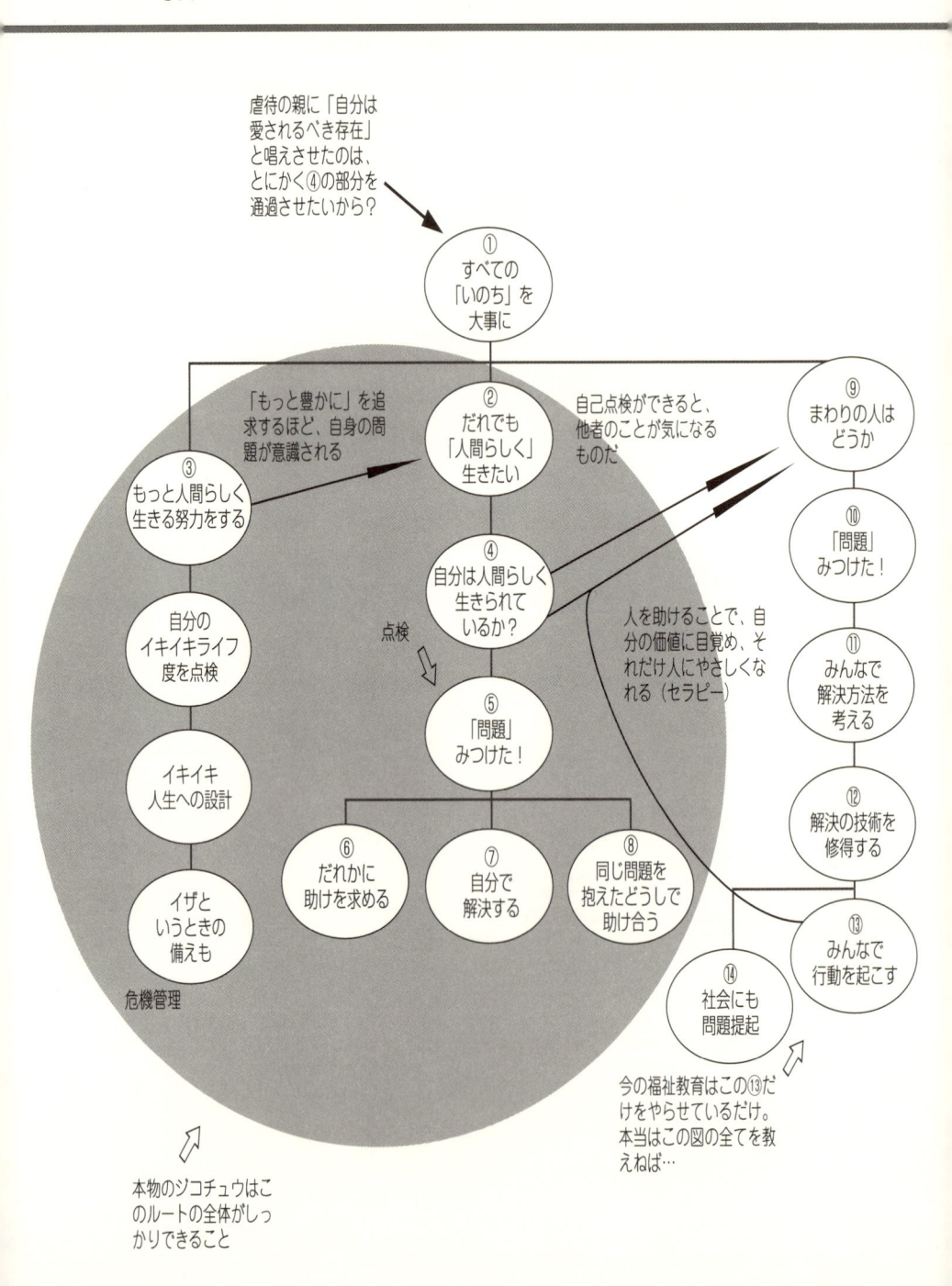

虐待の親に「自分は愛されるべき存在」と唱えさせたのは、とにかく④の部分を通過させたいから？

① すべての「いのち」を大事に

② だれでも「人間らしく」生きたい

「もっと豊かに」を追求するほど、自身の問題が意識される

自己点検ができると、他者のことが気になるものだ

③ もっと人間らしく生きる努力をする

自分のイキイキライフ度を点検

イキイキ人生への設計

イザというときの備えも

危機管理

④ 自分は人間らしく生きられているか？

点検

⑤「問題」みつけた！

⑥ だれかに助けを求める

⑦ 自分で解決する

⑧ 同じ問題を抱えたどうしで助け合う

人を助けることで、自分の価値に目覚め、それだけ人にやさしくなれる（セラピー）

⑨ まわりの人はどうか

⑩「問題」みつけた！

⑪ みんなで解決方法を考える

⑫ 解決の技術を修得する

⑬ みんなで行動を起こす

⑭ 社会にも問題提起

今の福祉教育はこの⑬だけをやらせているだけ。本当はこの図の全てを教えねば…

本物のジコチュウはこのルートの全体がしっかりできること

かと問われているのだ。しかも一番左のルートもある。自分を大事にするということは「もっと人間らしく」生きる努力をするか、とも問われているのだ。現状に満足しているようでは、この要件に合致していないのだ。

　もう一つ、この図が教えてくれることがある。一番左のルート、すなわち「もっと人間らしく生きる」努力をしっかりやれば、それだけ（真ん中のルートである）自分の福祉問題が生じるのだ。つまり、（もっと豊かに生きたいと）欲を出せば、それを阻むものが増えていくのは仕方がない。それだけ解決されるべき（自身の）福祉課題が増えていくのだ。

　さらに、自分自身の問題をしっかり解決していく努力をすればするほど、つまり自分を大事にする実践を積めば積むほど、（一番右の）他者の福祉課題が見えてくるようになる。自分を大事にすればするほど、自分を大事にしていない人のことが気になるのだ。

　となると、福祉学習の順序として、まずは自分自身、「もっと人間らしく」生きる努力をすること。それをすれば、自身の福祉課題が見えてくる。そうやって自分の福祉課題をしっかりと解決していく努力をしていれば、他者の福祉課題も容易に見えてくる、というわけである。

5. 絶対的権力は絶対的に腐敗する

―― 福祉施設・病院・学校が三大危険地帯

教師が生徒に「タコ！」

「犬が人間を噛んでもニュースにはならないが、人間が犬を噛むとニュースになる」と、よく言われる。常識が引っ繰り返った情報が新聞の社会面を賑わすわけだ。

その一つに、先生が生徒をいじめるというパターンがある。最近はこの事例があまりに多いので、そろそろニュース価値がなくなってきた。つまり教師が生徒をいじめても「常識が引っ繰り返った」とは誰も思わなくなっているのである。「引っ繰り返った」どころか、ニュースになる先生の、生徒へのいじめ方には、どこかサディスティックな色合いが濃く出ている。

以前にこんなのがあった。大阪府堺市の小学校の教師が、溝に落ちて怪我をした男子生徒に対し、授業中に「帰り道、溝にはまってアー痛い」とからかうように歌っていたことがわかった。この教師は、児童を「タコ」とか「金魚のフン」などともからかい、クラスの児童が教諭のマネをすると、「先生の歌をとらんといて」と言ったという。からかわれた児童は夜泣きが出るなど精神状態が急に不安定になったという。この事実がわかった後でもこの教師は「そんな歌は歌っていない」と抗弁している。その他にも、宿題をやってこなかった生徒を生徒皆にけしかけてブーイングを毎日毎日する、生徒の口をガムテープでふさぐ、生徒を縄で縛るなどなど。先生は生徒にやさしいという前提が完全に崩れ去っているのだ。

なぜか？「絶対的権力は絶対的に腐敗する」とローマ帝国時代の哲学者が言ったといわれるが、これに尽きる。あまりに力関係に差がありすぎる場合、力を持った方は「絶対的に」腐敗するという、厳然たる事実だ。いかに人格高潔な人でも、ちょっと虫の居所が悪いと、ついつい相手の弱者に「当たって」しまう。しかも絶対的な権力者なので、いかにも残酷な遊び心で「いびる」などの行為も出てくる。

「福祉施設」と「収容所」はどこか似ている？

こんな危険地帯が、学校以外にもいろいろある。たとえば福祉施設。ある施設職員が仲間内でこんなことを言っていた。その日、カミさんと夫婦喧嘩をして施設に出勤したとする。むしゃくしゃした気分を晴らすために、「居室を回って入所者を叱ってくるか…」と。まあ、こんなものである。

私が働いていた施設（重度障害者を対象）では、入所者同士の喧嘩が絶えなかった。それはそうなのだ。お互い納得したわけでもないし、相性もなにも無視して、勝手に同居させられた数名が、ときどきいさかいを起こすのは当然のことである。まずは職員である私たちが仲裁に入るが、たまにこれが効かないときがある。そんなとき、園長が「エヘン！」とでも、せきばらいをしただけで、喧嘩はパタッと止む。園長ににらまれたら施設を追い出される。これは最悪だ。というわけで、施設というのは、外部からみたほどには「やさしい」場所とはかぎらない。収容所にどこか似ているなと私はよく思ったものである。

オンブズマンがいないと危険な施設

最近、知的障害児者や児童養護施設で、職員の入所者に対する虐

■ 第1章「助け」の心理

待事件が頻繁に起きている。殴る蹴るはあたりまえ。女性の入所者にいかがわしい行為をしたというのもよくある。体に火をつける。陰毛をそってしまう。もう無茶苦茶なのだ。たまりかねて東京都はすべての障害者施設にオンブズマンを派遣することを決めた。それぐらいやらねば、職員は（放っておけば）何をするかわからないというのだ。

　先日、知的障害者の施設関係者の研究大会に招かれたが、分科会の一つに、職員の入所者への虐待をどう防ぐかというのがあって、笑ってしまった。自分たちの（入所者への）横暴をどうコントロールすべきかを自分たちで研究しようというのだから。そこで論議されるのは、職員の心のあり方といったことばかり。じつはポイントはそこにあるのではない。この絶対強者の絶対弱者への専横は、その強者に精神訓話をしても何の解決にもならない。個々の「犯人」の人格の問題ですらない。そうではなく、そういう絶対強者と絶対弱者を閉じられた世界で対峙させるという構図自体をなんとかしなければならないのだ。

「医者は患者を愛するはず」への過剰な期待

　危険地帯はほかにもある。福祉事務所あたりもそうだし、病院もそうだ。「俺の言いなりにならないと生活保護費を支給しないぞ」と脅かして、母子家庭の主婦をラブホテルに誘ったといったスキャンダルが新聞ダネになることがある。

　少なくとも政治の世界では「すべてのパワーは必ず濫用される」という認識が共通にあって、この共通認識にしたがってチェック・アンド・バランスの法則が、くまなく適用されている。A機関の専横はB機関がチェックし、B機関の専横はC機関がチェックする。そのC機関の専横はA機関がというふうに。

今わが国は常に自由民主党が「一強」でありつづけている。これで専横にならないのかと心配しそうだが、たとえば党内のたくさんの派閥が切磋琢磨することで、たくまざるチェック・アンド・バランスが成り立っている。野党も必要に応じて離合集散することで、これまた自民党へのチェック機能を結果としてはたしている。

　ところが、どういうわけか福祉や教育、医療という世界では、このあたりまえの真実を私たちはすっかり忘れてしまっている。それでいて、おかしな事件が頻発するや「犯人」の人格的な欠陥のせいにして、お茶を濁してしまう。したがって事件は起こり続ける。あまり利口とは言えない。

　私たちはこう考えているのかもしれない。「先生は子供を愛しているはずだ」「医者は患者を愛しているはずだ」「施設職員は入所者を愛しているはずだ」。だから相手を虐待などするわけがない、と。この「はずだ」という過剰な期待が、こうして頻繁に裏切られているにもかかわらず、それでも性懲りもなく「期待」しつづける。

　そこで出てきた方策が、前述のようにオンブズマンという制度であるが、じつはこれがあまり機能していない、というよりは、日本人がこのあり方に明らかに違和感を抱いている。

　こうした問題に対する日本の伝統的な措置は「自己抑制」である。とにかく外部の者に監視されるのは絶対に拒否し、自分（たち）の自己抑制に任せてほしいというのだ。教師は生徒を愛してくれるという信頼（期待）、そして「私はその期待に応えなければならない」という教師の自覚が、彼らを専横に陥らないように、昔は縛っていたようである。私たちもその期待にすがってきたが、これだけ「けったいな事件」がたてつづけに起きてくると、そんな「期待」なんかかけられる相手ではないことがわかってきた。

　そこで外部監視という手が導入され始めるのだが、これさえも日

■ 第1章「助け」の心理

本的なパターンに変形されてしまった。証券疑惑が起きた時、大蔵省を監視する機関を作ろうとなったら、大蔵省の外局にしてしまった。自分を監視する者を自分たちで選ぶというのだから、日本人はどこまで「甘チャン」なのかと、欧米の関係者はあきれてしまった。

よそ者のチェックは拒否

この違和感は専横の側だけでなく、被害者の方にもあるというのが、この問題のむずかしさかもしれない。関西のある老人ホームが自主的に自分たちの施設を監視するオンブズマン制度を立ち上げた。「どうぞ思う存分私たちをチェックしてください」と公言したのだから、あっぱれとしか言いようがない。

そうやって、外部の関係者でオンブズマンを選出し、スタートしたが、結局は一件も入所者からの訴えはなかったと新聞に載っていた。「こういう（立派な）施設だから」と、この事実を当然のことと記者は書いていたが、もっと別の見方が必要かもしれない。

入所している老人が、そんな外部の人（つまり「よそ者」）に自分の困り事を言うであろうか。自分に専横を働く園長も含めて、入所者は「身内」を形成しているという心理があるのだ。もし言うとしたら、その「身内」内でよほど疎外されていて、自身をほとんど「よそ者」と意識せざるをえなくなったときで、そのとき「内部告発」という非常手段に訴える。しかしこれは「非常手段」である。通常の手段ではないということだ。

こうして、通常では、絶対的権力者が専横をほしいままにしている閉鎖社会を外部からチェックすることが、意外にむずかしくなっているのだ。オンブズマンを導入したから、一挙に問題解決というわけにはいかないのである。

最近は痴呆老人の権利擁護など、福祉や医療などの世界にチェッ

ク・アンド・バランスの機能を取り入れようという動きが始まったが、日本の風土というものも頭に入れておく必要がある。文化・風土というのは、百年単位でしか変わっていかないのだ。

　先ほどの福祉施設での専横を日本的な文化ではどう解決しようとしているのか。一つのヒントが「ボランティア」にある。日本の社会は外部（よそ者）のチェックを嫌う、というより、はなから受け付けない。だから大蔵省のように自分を監視する機関を自分の組織下におさめるという欧米人から見たら考えられない措置をとる。

　しかし「身内によるチェック」では仕方がないではないかと言われるが、これも一つの方法ではあるのだ。例えば東京・練馬区の特別養護老人ホームで長い間ボランティアをしているＯ子さんは、入所者にも信頼されていて、何でも悩みを打ち明けられる。それをＯ子さんは、きちんと職員や園長に伝えて、問題解決にまで導いていく。

　どうしてそんなことができるかといえば、彼女は今や施設の主（ぬし）になっていて、新任の園長に施設の業務のオリエンテーションをする立場にある。施設側にも信頼されているのだ。職員が「ボランティアが不足している」と言えば、自分でボランティア確保に走り回る。住民の施設への理解が薄いと聞くと住民教育を買って出る。有り難い存在でもあるのだ。ここに日本的なオンブズマンのヒントがありそうだ。

目付を兼ねた「旅は道連れ」

　このように「人間学」を展開するときに無視できないのが、文化風土である。私たちの思考行動は、この文化風土にかなり影響される。となれば、人間学は常にこの国の文化風土をいわば「分母」にして展開していかねばならない。いくらオンブズマン制度をストレ

■ 第1章「助け」の心理

ートに欧米から導入しても、結局はそれも日本の文化風土で変形させられる。

　だから一方ではその文化風土を変えていく努力をしつつ、もう一方でそれに乗る、つまり上手に利用するという手法も忘れてはならないのだ。

　このチェック・アンド・バランスで、私がつくづくとこの「風土」を考えさせられたことがある。司馬遼太郎氏の「竜馬がゆく」の末尾の方でこんな箇所がある。いよいよ徳川家が権力を朝廷に還し、新しい権力構造を作り出そうという段になって、竜馬はいちはやく新内閣の顔触れを構想していた。その中の大蔵大臣には○○がいいと主張した。ところがその○○はまだ所属藩に幽閉されていた。

　そこで新政府は竜馬に藩主の説得に出向くように依頼する。しかし新政府はまだ竜馬には信用できない部分があるとして、「目付」を同道させる。表向きは「旅は道連れ」の仲間、そして裏向き（？）は「監視役」。おそらく竜馬にもそのことはわかっている。わかったうえで、これを受け入れるのだ。この中に日本的なチェック・アンド・バランスの方式の一つが含まれているなと感じたものである。

6. やさしさと残酷さは紙一重

――これぞ人間世界の妙味だ

　社会福祉という世界でいろいろ仕事をしていると、どういうわけか、本当はあいまいであるはずのことを、妙に気前良く、じつに割り切った定義づけをし、価値判断をしていることに気づく。例えば、学校では子供に思いやりの心を身につけさせるべきだといい、やさしさ教育を推進しようとしている。やさしい子といじめっ子は別だという分別感が私たちの意識の中にはある。

　しかしよく考えると、事実はそんなに簡単に割り切れるものではない。世のすべての事象は、正反対のものが一つところに同居している、というのが事実ではないのか。「紙一重」－という考え方をふんだんに持ち込んでこそ、私たち福祉を考え、行動する者たちは、より正しい判断力を持つことができるのだ。そこで、ここでは、いくつかの「紙一重」の事例を紹介し、その上で、この「紙一重」のボーダーラインにある真実とは何なのかを解明してみたいと思う。

「見世物」と「演劇」は紙一重

　「紙一重」議論の一番打者として登場してもらうのは、やはり「見世物」のはなし。障害者をジロジロ見てはならない、とは驚くほど確信をもって言われていることであるが、ひとつ見方を変えると、私たちはそう言いながら、他方で驚くべく多彩な方法で障害者を「見世物にしている」ことも忘れてはならない。

　聴覚障害者をジロジロ見るなと言いながら、例えば「デフ・セア

ター」(聴覚障害者たちによる手話のパフォーマンス)のように、私たちは高いお金を払ってその手の動きを見に行っているではないか。要するに3600円払えば、堂々とジロジロ見れる、というわけだ。

以前、サリドマイド児の女性を主人公にした「典子は今」という映画が話題になった。あのときこれを製作した松山善三氏は「典子ちゃんという19歳の娘さんが、生きて働いている姿に、何ていいますかボディードラマですね、それを感じています」と言っている。ボディードラマ…要するに典子さんが足でどんなことをするかを観衆はかたずをのんで見守っている、これが見世物でなかったら、では見世物とは一体何なのか、と言いたくなる。

典子さんだって言っていた。「私ね、興味本意で私を見てもらっていいのよ」。そういえば、この頃自らすすんで見世物になる障害者が増えている。茨城県日立市の駅前通りで視覚障害者のカップルが「路上結婚式」を挙げたことがある。いや、そんな特殊なエピソードをさがすまでもなく、新聞紙上をにぎわす、口に筆をくわえて絵を描いたなどというニュースも、一種の見世物といえなくもない。

芸術、文化の衣を着ることによって、実質上の見世物が別の姿で生き続けている。だからいけない、というのではなく、見世物とショウ、芸術(演劇)などは、ある一つの「営み」のさまざまな顔であって、それらが紙一重でつながっているというにすぎない。見世物といっても、そこには演劇的要素があり、むげに否定できない。逆に演劇といっても、そこには見世物性がひそんでおり、単純に芸術だからと安心はしていられない。この二つの見方のどちらも失ってはならないのだ。

「聖」と「不浄」は紙一重

障害者が不浄なものとして排斥されるのはけしからん、という

（福祉関係者の）声もよく聞かれるが、奇妙なことに、この「不浄」と正反対の概念のはずの「聖」は、紙一重でつながっているらしいのだ。

「わたぼうしコンサート」などで、詩作の才能を発揮した障害者たちが人気の的になっている。障害者関係のボランティアグループを見ても、その中で障害者が「聖」なる存在として崇め奉られている、といった感じもしないではない。このような扱いがじつは「不浄」を隔離する行為と裏側でつながっていることに、私たちはもしかしたら気がついていないのではないか。

未開社会で、聖なるものと不浄なものとが同時にタブー化されていることでもわかる。だから、この両極端が最も近しい者同士として交流し合っているのも決して不思議でも何でもない。皇族が障害者等のグループに接近するという数百年の伝統は、ここからきている。聖と不浄もまた紙一重、一枚の銅貨の裏表なのだ。つまり、この両者ともこの世に受け入れられにくい（差別されやすい）存在なのだろう。私たちは、障害者を聖化することで、また神棚に上げてしまった。差別の変型とみるべきなのである。

「いじめ」と「やさしさ」は紙一重

子供の世界にある、いじめとやさしさという正反対の概念もまた、私たちの想像している以上に相接近している。いじめっ子というのは、じつは他の子供以上にやさしい子である－おそらく先生ならばいつも感じていることだろう。悪役俳優で有名な内田朝雄氏がかつてこう述べていた。「悪役は他人の痛さがわかる人（でなければならない）。どうやったら痛いかがわかる人は、他人を痛がらせることができる。だからほんとはやさしい人でないとわかんない」

クラスの中で特別やさしい子が突如、とびきりのいじめっ子にな

ることは、じつは当たり前のことなのだ。そこに指導の難しさ、福祉教育といわれるものの複雑怪奇さがあるのであって、いまの学校のように、一方ではマジメ一方のボランティア生徒がおり、一方ではワル一方のツッパリ生徒がいるということは、これはどう見ても真実から離れている。「やさしいいじめっ子」こそが、もっとも自然に近い姿というべきかもしれないのだ。

「残酷」と「慈悲」は紙一重

　福祉の対象として、よく悲惨な人々を想定するが、これもくせものであって、一見、悲惨な状態は、じつは歓喜の状態であるという事例もある。悲惨、残酷と至福もまた紙一重なのだ。重度障害や寝たきりの身内を何十年も介護し続けている人がいるが、傍から見たら「悲惨の極み」のように見えるのに、本人は「至福の極み」という言い方をするのに出くわす。勝手に他人が入り込めない世界があるのだろう。一人暮らし老人といえば、まるで福祉の対象者の代表者のように見なされているが、彼等が必ずしも悲惨な生き方をしているわけでないことはご承知のとおりだし、考え方によってはこれ以上望むべくもない人間の最高に自由な生き方でもありうることは、事実が証明している。むろん、その正反対の悲惨が隣り合っていることも忘れることはできないが。

　新聞紙上をよく賑わす、「一人暮らし老人、死後○日で発見さる」といったニュース。発見されたときは、すでに白骨化していたなどといった記事を読むと、私たちはそんな状態を招いた「福祉の貧困」を嘆くわけであるが、ある福祉関係者がこんなことを言っていた。「こういうのを非業の死というのだろうが、人間誰だって、多かれ少なかれ非業の死を遂げるんじゃないの？」そんなに悲憤慷慨することもないというのだ。これにもまた一理ある。

福祉施設が必ずしも「恵まれない人」の救済の場でもないことは当たり前のことだし、もっと深めれば、ここで行なわれている「処遇」のやり方によっては、福祉施設の場で残酷が行なわれることにもなりかねない。このごろはそんな事件のオンパレードだ。止むを得ず自治体は障害者の施設などにオンブズマンを派遣している。

　これは医者と患者、先生と生徒、親と子の間柄に共通して言えることで、特にこのような一方的な関係では、その一方が相手に好意を持っているということを前提としていながら、その一方的な関係ゆえに、一つ間違えば、福祉どころか残酷をしでかしてしまうことも十分あり得る。

　福祉の場だから、間違いなくそこでは福祉が行なわれており、ましてや残酷が行なわれることはあり得ないなどと思うのは大変危険なのだ。むしろ、このような福祉の場こそ、その正反対の残酷が行なわれやすい場として警戒を怠らないのが最も正しい対処の仕方だと言える。

「同盟」と「敵対」は紙一重

　ピアノやテレビの騒音がきっかけとなって殺人事件が発生したり、子を預かったために起きた死亡事故で隣人同士が裁判で争うなど、隣人関係のマイナスの側面、その敵対関係の面が大きくクローズアップされるようになったが、おもしろいことに、この問題を扱った社会学者らの論議は、むしろその逆の面を強調する内容のものが多い。私たちはそのような「危険な関係」をやむなく必要とするばかりでなく、しばしば心から欲している、という事実を指摘しているのだ。その関係が、「間違いなく私たちに快楽と苦痛をほぼ均等に与えてくれる」ためでもある。そのような場を、私たちは一方で惹かれ、一方では忌避しようとしている。両心理が心の中で分裂したま

ま同居しているわけなのだ。

　これは嫁と姑の関係でも同じことで、その亀裂をおし抱きながら、人間の営みはより豊かな内容を持ち始めるのだろう。憎しみと愛が複雑に絡み合って、人間関係はより深い味わいを持つようになるのだ。

「助け合い」と「締め付け合い」は紙一重

　先日、沖縄に行ったとき、この地方で古くから育まれてきた「助け合い」の伝統について、地元の福祉関係者とおもしろい論議になった。当方としては、このような助け合いの風土を育ててきた沖縄をうらやましく思うのだが、あちらでは必ずしもそんな単純な発想はしていない。

　沖縄の島々でなぜ「助け合い」が生まれたのか。あのように海に囲まれた場で、しかも資源の枯渇した土地で、皆と違う勝手な行為を許す余裕がなかったというのだ。「助け合い」は、有無を許さぬ、至上の命令であった。助け合い以外の、半端な、アウトサイダー的行為を許せる資源的余裕がもともとなかったというのである。

　となると、助け合いというのは、じつは社会的な締め付け以外の何物でもないことになる。だから助け合いは悪だというのではなく、やはり良いことであるには違いない。ほどよい地域的貧困という環境の中で、助け合いと締め付け合いが裏腹になって同時に起こり得る条件が生まれたということなのだ。

　助け合いだから安心もできないし、逆に締め付け合いだからと否定し去ることもできない、といった見方ができればそれでいいのだろう。助け合いと締め付け合いもまた紙一重なのであった。

　いま地域住民の助け合いの状況を調べているが、そこで興味深い問題が出てきた。例えば、高齢者の悩みの一つは「足がない」である。自分では運転できないし、さりとて都会のように電車もバスも

走っていない。仕方なく、病院などには、高いお金を払ってタクシーで行っている、といった嘆きの声が出てくる。

ところが、もっとよく調べてみると、近隣の知り合いの人に車で送ってもらっている人も少なくないことがわかってきた。この住民レベルでの移送ボランティアが意外なほどに盛んである。それもいいのだが、頼んだ側は相手への「お返し」を考えなければならない。それに対してボランティア側もまた「お返し」をしなければ、などと考えていったら、面倒なことこの上ない。それよりはまちに巡回バスを走らせるよう要求すればいいではないかと、調査にあたった福祉関係者の一人が言い出した。

それを、「お返し」のやりとりをしている高齢者たちに伝えたら、意外な反応が返ってきた。そうやって「今度はどんなお返しをしたらいいのか」と頭を悩ませるのがいいのだ、というのである。助け合いというのは、まわりが想像しているほどには、きれいなものでも、単純なものでもない。現実はこんなドロドロとしたやりとりなのかもしれない。それが「地域で生きる」ということの妙味なのだと高齢者たちは言っているのだ。

「与え合い」と「奪い合い」は紙一重

福祉施設で働いていたとき、その施設長から言われたことが今でもよく思い出される。「福祉サービスというけれど、われわれ職員だって入所者と同じように国に食わしてもらっているにすぎないのだよ。彼等（入所者）のおかげで我々もおマンマにありつけるわけだ」。若い頃はこのような考えに、いかにも堕落した考え方を見たようで、むやみと反発をしていたのだが、この頃は少し違った目で見ることができるようになった。

福祉、福祉というが、この世に「与える」一方などという状況は

なく、もしあったとしたら、そこには何かウソがあると見ていいのだ。例えば、企業が障害者の自立に便利な補装具を開発したとすれば、それを「金」と交換に提供するだろう。

　企業が福祉に接近するときの動機はまことに複雑で、福祉に貢献しようという動機と、福祉を食い物にしようという動機が錯綜していることは間違いない。だからといって、企業を責めるのはナンセンスである。両方の動機がないまぜになって、はじめて有効な福祉が行なわれることを知るべきなのだ。むしろ、「福祉を食い物に」という牙を確認することによって、その企業の福祉活動への信頼を増す、というのが本当かもしれない。

　ボランティアは無償の行為であるがために価値があるのだと、当たり前のように考えているが、これもまた大変に不自然な姿であって、ここにもどこかウソがある。自己救済と他者救済の両方の意志がうまくバランスを取り合って働くことによって、その活動はより安定性を持ち始めるのだ。つまり、この二つの要素が共になければおかしいのである。味付けのためには塩と砂糖の両方が必要なのと同じことだ。より深い甘さを出すために塩を入れねばならない、これが人生の常道かもしれない。「ボランティア」をあまり聖化するものではないのだ。

紙一重の境界にこそ生き生きした真実が

　この「紙一重」の真実とは一体何なのか。ひとつ言えることは、この世は両極端の要素が意外にも隣り合っている。Aという極端がだんだん薄れてきて、やがていつの間にかBの要素が徐々に加わっていき、最後にBの極端に至る－のではない。AとBの両極端がストレートにぶつかり合う、その緊張感あふれた現場にこそ、生き生きとした真実がある、らしいのだ。

先ほどのボランティアの事例で言えば、ある強いエゴイスティックな欲求があって、それを満足させようというときに、強いボランティア活動が生まれる。自己救済の欲求があふれ出たとき、（ある条件の下で）突如それがすばらしいボランティア活動に転換するのだ。見世物の場合も同じで、「障害」に対する強烈な好奇心がすばらしい演劇、芸術を生み出すことは、先ほどの松山善三氏の言葉が証明している。
　だから私たちはこの両極端が隣り合う現場に近寄ることを恐れてはいけないのだ。まかり間違えば、まさに反福祉の極致に踏み迷う危険を冒してこそ、すばらしい、本物の福祉を実現できる。虎穴に入らずんば虎児を得ず、とはまさに至言であった。この「紙一重」の境界こそ、本物の福祉を生み出す源泉なのかもしれない。

Capter 2

第2章
「活動者」の心理

　同じく「担い手」の部類に属するのだが、人々はなんらかの活動をしようというとき、独特の心理に支配される。一見して活動しているように見えて、じつはなかなか活動に踏み込んでいないのはなぜなのか。地域活動はむずかしいと言う人と、易しいという人がいるのはなぜか。その他、動機の問題、自発性の問題等、「心理学」の対象だ。

1. 奇怪な「自発性信仰」の蔓延

―――「強制」と「自発」の間はファジーだ

いまどきなぜ奉仕義務化？

　ご承知のように政府・与党は小中高校生にボランティア活動など奉仕活動を義務づける方針である。これに対してボランティア推進関係者は大方「反対」の意思表示をしているし、新聞投書を見るかぎり、どちらかといえば「反対」が多いようである。これをどう考えるか。いくつかのポイントがありそうである。一つは、なぜ国家がこうした「奉仕を義務付ける」という、ある意味では邪道とも言える法案を提出することにしたのか、それなりの理由があるということだ。

　新聞投書で反対の意思表示をした女性はこう言っている。「ボランティア活動参加へのきっかけを、もう学校は作っていると思う。社会を見ても、自ら進んでボランティアをする人たちが増えて定着してきたのだから、それに水を差すような法案を提出するのはやめてほしい」。

　今の日本でもう「ボランティアが定着している」と見るべきなのか。「ボランティア活動参加へのきっかけを、もう学校は作っている」と思うべきか。人によって評価は異なるだろう。しかし私の見るかぎり、どうもそのようには見えない。少なくとも政府与党の関係者は「そう見えない」と思ったからこそ、今回の「邪道な」法案を提出するに至ったと見るべきかもしれない。

　いま社会福祉法人全国社会福祉協議会の部内組織である「全国ボ

ランティア活動振興センター」は、日本のボランティア人口を750万人と見積もっている。この組織の同じ調査によると、20年ほど前は350万人程度だった。つまり20年間で増えたのは400万人。そして750万人は全人口の7％強にすぎない。最近はもっと増えただろうが、規模としてはこんなものである。

ボランティア増は百年河清？

　ボランティア人口の見積もり方にも個人差があるから面倒になるが、ここからおおよそのボランティア数を推測することはできそうだ。私も全国各地にボランティア講座の講演に出向いていて、受講者が増えた所はまずない。

　今のようにボランティア活動（人々の社会活動への参加）の推進をボランティア推進機関に委ねていたのでは「百年河清を待つ」に等しいと、「教育改革国民会議」の面々は思ったのではないか。そしてその見方は、正しい。「百年河清を待つ」状態にしてしまったのがボランティア推進者に蔓延している「自発性への信仰」である。

　朝日新聞が今回の政府の方針を関係者に聴取した記事があったが、あるNPO推進関係者は「ボランティアは心の中からあふれ出るものであって、誰かから促されるものとはまったく違う」といったような言い方をしていた。強制とか義務などとは対極にある概念だと言いたいのだろう。ある企業の社員ボランティア推進者は、一度も社員にボランティアを勧めたことはないと自慢していた。ボランティアは個人が自発的に始めることだから、だと。ボランティア推進者の作った教科書どおりに行動していたのだ。

　なにもむずかしく考えることはない。ごく普通に考えて、先ほどの推進者が言ったことが、現実離れした発想であることはすぐに気づくはずである。それは、だれもが自発的に社会活動に参加してい

けば、苦労はない。その結果が、いまだに人口あたり7％の程度に呻吟している。先程の投書の主も、いまボランティア活動を「えらい」とほめたたえている。ということは、それほどに活動者が少ないし、また活動するのがむずかしいということではないのか。誰もが活動するようになれば、誰かを「えらい」とほめること自体がおかしくなる。

自発性は条件でなく努力目標

　ある私立大学の一年生400人を対象にボランティアについて考えさせてみた。彼らはボランティア活動に参加するのがなかなかむずかしいことを認めている。そのうえで、ではどんな条件が具備すれば活動に参加するのか尋ねたら「単位をくれるなら」とか、「お金をくれれば」「女の子とデートできるなら」などときわめて生臭い条件を並べ立てた。

　でも、そういう条件がついたのではボランティア推進者はそれを「ボランティア」とは認めないよと彼らに言ったら、彼らはこう言った。初めはそんな生臭い動機で始めるとしても、やっているうちに自分から自発的にやるように育っていくのではないか、と。つまり、ボランティアにまつわるさまざまな条件は、活動の前提条件なのではなくて、活動の結果、育ってくるものなのではないか。せいぜいがボランティアのめざすべき理想でしかない、と。理想ということは、まあそっちの方へ行ければ御の字だという程度だということだ。

　ところがボランティア推進者は、それをあろうことか、活動の前提条件にもってきてしまった！　だからこの条件に合致しなければボランティアをさせてくれないし、認めようとしない。おかしなことではないか、というわけだ。

　先ほどのＮＰＯ推進者の言葉と比べてみれば、どちらが自然な

（無理のない）発想かわかるのではないか。あの言い方をまだ堂々と言い続けているということは、これはもう「自発性への信仰」と評するより仕方がないではないか。

自動車だってガソリンが必要

　では今回の義務化をそのまま認めていいのかというと、そうではない。この論議で言えば、ボランティア推進者にもまた政府にも欠けている発想がある。両者に欠けているもの－これこそがこのテーマの最も大事な論点というべきである。

　まず一つ、一方は自発性信仰、もう一方は義務化信仰（？）。しかし現実は、この両者の間にあるのだ。厳密な意味での自発性などはない。どんなに自発的に活動に踏み込んだという人だって、だれかに誘われたのかもしれないし、誰かのなんらかの影響があったのかもしれない。一方、厳密な意味での義務化ということもありえない。私は「一度、授業中に活動をしてみたい」という学生の要請で、授業時間内にキャンパス内のゴミ拾いをさせてみた。その感想を作文に書かせてみたら「こんなすがすがしい気持ちになったのははじめてだ」などと、えらく感動していたのには驚いた。道路に落ちているゴミを拾ったのは、おそらく生まれて初めてなのかもしれない。彼らの文を見たかぎり「授業中の活動」というやや強制臭の強い活動ではあったが、やってみたらそれほど強制されたという感覚はなかったと言っているのだ。むしろ、こうして一回、活動へ（半ば強制的に）尻を叩かれたわけではあるが、それによって少しばかり行動性が芽生えてきた。今度は自分でも、ゴミ拾いをやってみっか、ぐらいの気持ちは出てきたのではないか。少なくとも、そういう自分の心の変化を、学生たちは各自、読み取ったようなのである。「やらされた」が、それでよかったと思っている。

■ 第2章「活動者」の心理

ちょうど「自動車」みたいなものかもしれない。自動車といっても、初めから「自動」するわけではない。ガソリンを詰め込まれなければ動かない。このガソリンがなんらかの活動への誘因だ。人に誘われるとか、社会の評価が得られるとか、女の子にモテるとかいった、先ほどの生臭い動機だ。

　そして、自身、アクセルを踏んで、初めて自動車は走り始める。しばらくその状態で行くと、ようやく「自走」を始める。しかし、またしばらく行くと、またアクセルを踏まねばならないし、ガソリンも詰め直さねばならない。つまり、またまた生臭い動機という誘因が必要になる。そんなものではないのか。

授業の中に活動を「ふりかけ」

　繰り返すが、現実はまっさらの自発性もありえないし、まっさらの強制もない。自発性と強制の間はまさにグラデーションなのである。つまり自発性と強制がいろんな割合で混ざったあり方のヴァリエーションがほとんど無限といっていいほどあるのだ。両論の欠点はそのグラデーションの無限の可能性に目を向けていない所にある。たとえば授業で奉仕活動を課したとする。かなり強制臭が強いが、まっさらの強制とは違う。ということは授業の中にうまく活動をインプットすれば、学生がそれほど強制感を抱かずに活動に踏み込めるのではないか。先ほどの授業の中で「学生の困った事」を出させ、「学生の困ったことマップ」にまとめてあげた。それを学生自身で取り組むとしたらどんな活動がありうるかを考えさせ、それもまとめてあげた。

　その中の一つ、教科書代が高いという悩みに対応して、教科書のリサイクルをやろうということになった。とりあえず学内のボランティアグループが大学祭で実験的にやってみることとなった。また

休講情報が学校に来なくてもわかる方法はないかという悩みに対応して、学生の一人が休講掲示板をインターネットで立ち上げることを宣言した。また留学生から、日本の学生と交流したいという声が出たので交流希望の日本人学生を授業中に公募、数名が反応した。
　いまどきの若者は、人のために尽くそうといった感覚はない、と言われる。それはそれでいい。彼らだって、自分自身のことは大切だろう。それに食い付いて、徹底的に発展させていけばいい。他の学生と共同戦線を張ると、前述のように、かなりのことができてしまう。私は「大きな自分事」と言っている。自分のためと他人のためが、ここでは一致する。そうやってだんだんと他者のことにも目が向いてくる。それでいいではないか。なにも「人や社会のために奉仕を」などと叫ばなくても、学生の「自分事」をそのまま発展・拡大させていけば、結果として、政府がめざしたことが実現してしまうのだ。
　それにはただの「自発性尊重」一本でもダメだし、強制を使いすぎてもいけない。両者を上手に使い分けながら学生を導いていく必要があるのだ。

ジュニア町内会を作れ！

　例えば「授業」をきっかけに、また授業の場をうまく生かしながら、つまり「強制と自発性のはざま」を上手に泳ぎまわりながら、全体として学生の間に活動の気運を盛り上げていくことは可能だということがわかってきた。自発性を信仰しているヒマがあったら、こうした「はざま」で知恵を絞っていった方がよほど現実的だとは思われないか。そんな努力をしないからこそ、政府も「辛抱の緒が切れた」。責任はどちらかというと、ボランティア推進者にあるというべきかもしれない。

■ 第2章「活動者」の心理

小中高校でボランティア活動の気運が盛り上がっているというのは、とても信じがたいことである。もっと授業中にも、委員会にも部活にも、行事にも、活動をさりげなく「ふりかける」べきである。こういう活動はまだ彼らには臭気芬々たるものがあるのだから、あまり目立たないように、彼らがほとんど意識しない程度に、授業や部活、委員会、行事に「ふりかける」のが順当だとは思われないか。
　ボランティア推進者や教師も、そのあたりにこそ知恵を使わねばならない。そこに「ふりかけ」ができれば改めて義務化などという話も出てくるはずはなかったのだ。学校の中にボランティアセンターを設けて地域のボランティアセンターなどから人材を常駐させ、授業や部活、委員会、行事などに、せっせと「ふりかけ」ていくことだ。地域社会もさぼっている。児童生徒を自分たちの社会に受け入れていかねば、社会体験をする機会はいつまでたっても得られない。
　いま地域のボランティアセンターが児童生徒をボランティア登録しているか。ボランティアグループが児童生徒をメンバーに受け入れる気はあるか。生協がジュニア生協を、農協がジュニア農協を、町内会がジュニア町内会を作らせていけば、それだけで十分すぎるほど社会参加のチャンスが生まれる。徳島県に子ども民生委員がいる、山口県や高岡市にジュニア福祉委員がいる。とにかくまず児童生徒を地域社会に受け入れる体制を本気でつくらねばならない。

2.「動機」絶対主義の国

――不純な動機は不純な活動を生むか？

活動は純粋無垢の動機で行なわれるもの？

　ボランティアといえば、何の見返りも求めず、純粋無垢の動機で行なわれるものとだれもが考えている。だから企業が、特に本業がらみで活動に関わるとなると、当然その動機が問題になる。いつも商売をしているから、社会的な活動をしても「儲けたい」という、いわば「本能」が頭をもたげてくる。「それはいけないこと」と自己規制しようとするし、ボランティア推進機関もその点を厳しくチェックしようとする。しぜん、企業の社会活動への意欲は減退せざるをえない。ましてや不況のまっただ中だ。それでも、私たちがこれだけ活動の動機に厳しい目を向けるのは、おそらくその不純な動機が活動そのものに影響すると思うからだろう。

　では、本当に「不純な動機は好ましからざる活動を生み出す」のだろうか。少なくとも今の私たちは単純にそう信じている。動機と行動には、私たちが信じているほどの「必然的な」相関関係はないのだ。

不登校の逃げ場に「神戸」を選んだ？

　大分県で開かれた福祉教育のシンポジウムで、一人の高校生が阪神大震災の時に現地で活躍した件に触れた。聴衆は感動し、居並ぶパネラーからも「私の息子に爪のアカでも煎じて飲ませたい」とこれまた感動していた。

■ 第2章「活動者」の心理

しかし当人は当惑気味で、「そんなんじゃないですよ」と頭をかいていた。そこに目を付けたコーディネーターの私は、「では、（真相は）どういうことなの？」と水を向けてみた。彼の言うことには当時、以下のような「事情」があったというのだ。彼は高校へ入学してその春に早々と不登校に陥った。どうしても学校に行けない。家にいると当然、母親と顔が合う。母親はそのつもりではないのだが、彼にはやっぱり「学校へ行け」と言っているような顔に見える。外へ出ると、近隣の人たちの冷たい目にさらされる。

　そんな心の鬱積が爆発寸前までいったとき、ちょうどあの大震災だ。「どこかへ逃げて行きたい（しかもなるべく遠くに）」と思っていた彼に、文字どおりの「渡りに船」。なにせ外目にはかっこいい。「被災者を救いたい」どころか「自分を救う」ために、活動を始めたのだった。

　現地で全国から馳せ参じた若者たちと、焚火を囲んで夜通し語り合った。高校を中退したものもいて、「やっぱり、できるならば卒業しておいた方がいいよ」とすすめられて、彼もその決意をする。

　ところが、今まで行けなかったのだから、大分に帰ったからすぐ高校復帰というわけにはいかない。登校しようとすると、やっぱり苦しくなる。そんなとき、「あいつは、ボランティアだなんてかっこいいことしていても、学校へ行くこともできないじゃないか」と陰口をたたかれるのがくやしくて、必死の思いで登校したという。ここでも動機は、あまりほめられたものではない。

　しかし、それらの「不純な動機」が彼のボランティア活動そのものに不純さをもたらしたかといえば、何もない。彼は大分に戻ってからも、神戸の児童施設への活動を続けている。大分県内でも活動を立ち上げ、今や県内で青年ボランティアのリーダー格にもなっている。

「強い」動機が彼を活動家に育て上げた

ここで注目されるべきは、不純であろうが純粋であろうが、「強い」動機が彼をこんなすばらしい活動家に育て上げた、と考えられることである。

とにかく家を出て、どこかへ逃げていきたいという切羽詰まった必要が、彼をはるか遠くの神戸まで運んでいった。そして「ボランティアをしているくせに登校もできない」という陰口が恐ろしくて（ある意味では、くやしくて）死ぬ思いで登校を「敢行」させた。もし彼にこんな苦境が訪れていなかったら、ボランティア活動に踏み込むことはなかったであろう。

だから、期待すべきは「よい動機」でなく「強い動機」なのだ。「不純な動機」がそのまま「不純な活動」へとストレートにつながるほどに人間は単純な生き物ではないのだ。私たちは人間というものを少し単細胞に見すぎていたのではないか。

それでは「不純な活動」は「不純な動機」から生まれると考えていいだろうか。それもストレートにはつながらない。「よい動機」から「不純な活動」が生まれる可能性だって否定できない。

よい動機が悪い行動を引き起こすことも

私も今まで、ここまでテーマを発展させたことはないが、そのキッカケをある人から提供された。その人とは、静岡県知事である。静岡県が定期的に知事を囲んで開く勉強会に招かれ、ボランティアの話をしたときのことだ。「不純な動機から逆によい活動が生まれる」という（私の述べた）人間の不思議な逆説を再度持ち出しながら知事は、逆に「よい動機が悪い行動を引き起こすこともある」と言い出した。

毎年、春になると、学校の先生たちの「おかしな振る舞い」が新聞紙上を賑わす。生徒への奇怪なとしか言いようのない体罰の数々だ。そのとき、学校側（教育委員会も同様だが）は、「先生は生徒を愛するあまりにやったこと」と言い訳をする。「教育に熱心な先生」がちょっとだけオーバーランしただけだから、大目に見るべきだという。どうやら知事の所にも、学校や教委あたりからそうした扱いを求める声が来ているような感じであった。「不純な活動」だが、「よい動機」でやったことなのだから大目に見ろという論理を、知事は笑っていた。
　なるほど、日本という国は、聞きしにまさる「動機」絶対主義の国であったのだ。どんな悪い行為も、動機が良ければ許される。また、どんなによい行為でも、動機が悪ければ評価されない。
　では、アメリカではどうか。むこうの文献をあれこれ漁ってみたら、こちらは「結果」（行為が生み出した成果）絶対主義の国であるらしい。とにかく「よい行為」が生まれることが大事であって、その動機がどうだったなんてほとんど関係ないというわけだ。彼我のなんという違い！

「儲けたい」という欲がエネルギーを引出す

　図を見ていただきたい。ここに挙げた八つのキーワード（最も中心部に近い部分）は、人々の最も始原的な「行動への誘因」を一言で表したものである。その次が「動機づけ」。どういう動機がそこに含まれているか。最も外側が「生まれる行動」。その動機からどういう行動が生まれるのかを示している。順に見ていこう。
　まず「欲得」。例えば企業に社会貢献活動をしてもらおうとするとき、「商売のことは忘れて」などと要求するから、企業はなかなか活動へ入れない。いつも商売のことで頭が一杯の人たちに、ソレを忘

こんな動機でこんな活動が

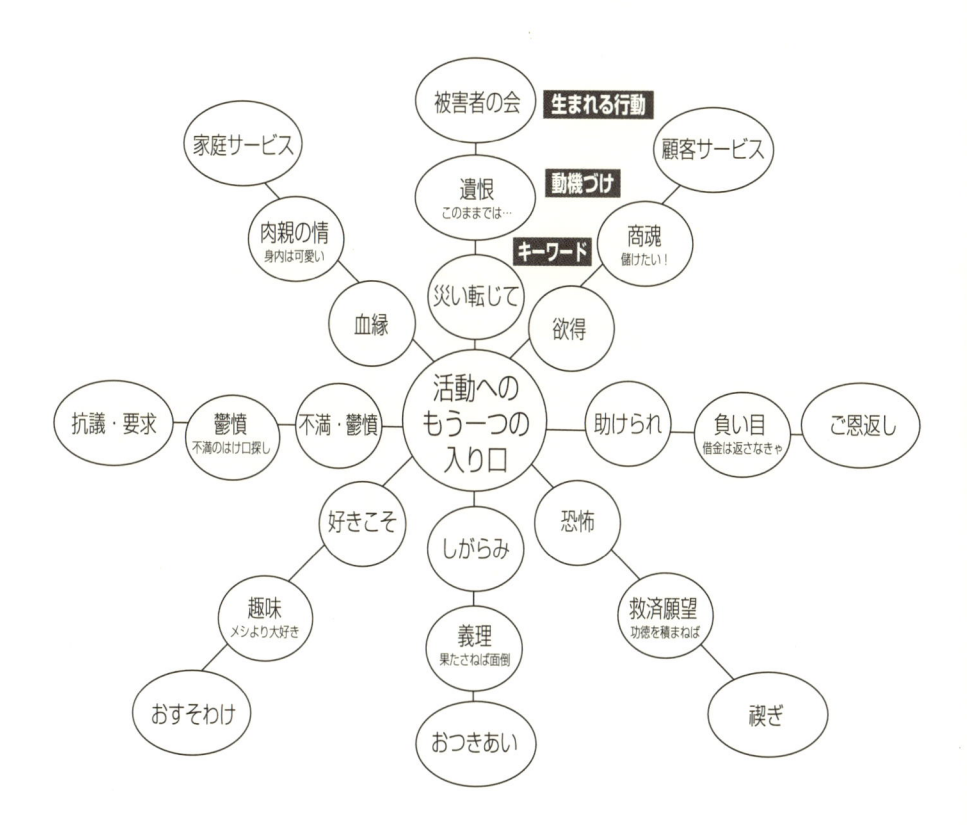

```
                 被害者の会    生まれる行動
   家庭サービス                           顧客サービス
                   遺恨        動機づけ
        肉親の情   このままでは…
                              キーワード   商魂
        身内は可愛い                        儲けたい！
            血縁    災い転じて      欲得

抗議・要求  鬱憤    不満・鬱憤  活動への  助けられ   負い目      ご恩返し
          不満のはけ口探し        もう一つの              借金は返さなきゃ
                                入り口

         好きこそ          恐怖
                 しがらみ
      趣味                  救済願望
      メシより大好き   義理      功徳を積まねば
                    果たさねば面倒
        おすそわけ              禊ぎ
                  おつきあい
```

　れろというのは、どう考えても無茶である。
　それよりは彼らの頭を支配しているはずの商売根性をうまく利用すればいい。「もっと儲けたい！」という欲が、企業人の本来のエネルギー源ではないか。その商魂が具体的には顧客サービスという行動を引き出している。要はその顧客サービスを、より社会的な活動へ発展させればいいことである。

■ 第2章「活動者」の心理

ある名古屋の児童図書店の女性店主。ある日、立ち読みしている子供をみつけた。ふつうなら「ボク、読むなら買ってね」などと、たしなめるのだが、彼女は逆に、「立ち読みよろしい」とした。そしたら子供たちは立ちくたびれている。そこで彼女、わざわざ畳コーナーを設けて、「寝読み」もよろしい、とエスカレート。

すると子供を連れてきた親が「タケシ、そろそろ帰るぞ！」とジレはじめた。それならと彼女は親たちの喫茶コーナーを設けた。こちらでは子供が寝読みをしている。こっちでは親が喫茶コーナーで歓談している。どうせ親子が来ているのならと、「いじめシンポジウム」などのイベントを開くようになった。彼女の「活動」はまだまだ発展していく。

さて、彼女の一連の行動は「企業としての社会貢献」ではないのか。むしろ、書店のできるほとんどベストの活動とも評価できる。ところが彼女は、おそらく自分の行動を「社会貢献」とは思っていないのではないか。彼女の感覚ではこれは「顧客サービス」にすぎない。

その行動を導いたのは、まぎれもなく「なんとしても儲けたい」という欲である。それも、フツー程度の欲では、ここまでサービスをしようとは思わない。もっと儲けたい、もっと儲けたいという大欲が、彼女を活動に駆り立てている。ということは、社会貢献をしない企業は「儲けることにあまり関心のない企業」だとも言える。

それで、合点がいったことがある。私の地元の電器店が「何でも修理致します。他社製のでも構いません」とわが家へやってきた。これは大助かり、とカミさんが、電気洗濯機の修理を頼んだら、私は掃除機が専門なのでと言い訳を言いながら帰って行った。あとで夫婦で話し合ったものである。あの人が、なんとか直らないものか

と努力しただけでも、わが家は「これからはこの人の店で買おう」と思ったのにね、と。これでみすみす彼は、大事な顧客を一人失ったことになる。じつはその店は、電気工事の請け負いの部分でだいぶ儲けているらしい。なるほど、顧客サービスをする気が起きないわけだ。

「活動がその人を教育する」

　「サラリーマンのボランティア」がテーマの講座で私が「欲が活動を引き出す」と言ったら、一人の受講者が、不愉快そのものといった顔で、私にこう言った。「あなたは、いま阪神で、全く利益を求めず、無償の精神でボランティア活動にいそしんでいる若者たちをどう思うのか？」。彼らの爪の垢でも煎じたらどうか、というわけである。特にシニアのサラリーマンで、こんな「純粋派」が少なくない。

　彼は一つ、誤解していることがある。というのは、先ほどの児童図書店の女性店主は「いつまでも」「欲につっぱられて」行動しているだけだろうか。否である。ある時は欲につっぱられながら行動に踏み出すが、その行動の中で逆にその行動自体に充実感を感じる瞬間も必ずあるのだ。

　「活動そのものが当の活動者を教育する」という信頼が、アメリカ人にはあるような気がする。だから彼らは、あまり（活動の）動機を詮索しない。どんな動機であれ、とにかく活動に入ればいい、というのだ。

　そうやって、当初は欲で始めたサービスだが、しかしやっているうちに活動そのものに充足感を抱くようになる。喜ぶ相手の顔を見たくて、さらに活動をエスカレートさせる。といって当初の「欲」が姿を消したわけではない。どころか、ある時点でまたコレが顔をもたげてきて、その「動力」で次なる活動が生まれる場合だってある。

あざなえる縄のごとくに

　ちょうど、二本の縄を撚り合せてより太い、しっかりした縄ができるように、「欲」という細縄と「徳」（これが「ボランティア精神」）という細縄が、絶妙に撚り合わされて、しっかりした活動が生まれる、と考えたらどうか。

　ボランティア活動を推進する人たちは、なにかというと「ボランティアの原則」を持ち出す。あくまで自発的に、しかも無償の精神で取り組まねばならない、と。

　これらの「原則」は活動に際して求められることだと、私たちは当たり前のように考えているが、意外なことに、それらは「活動」によって初めて身につくものなのかもしれないのだ。

　今ここでイメージしているのは、「やる気」はあるのだが、かといって、さまざまな悪条件を乗り越えても活動がしたい、というほどではない人である。その人に取り組む前から「原則」を持ち出すのは、活動へ引き込む機会を自らなくすようなものである。そこで、彼らには前掲の図に紹介したような「もう一つの入口」を用意する。いわば「不純な動機」を利用するのである。むろん、その場合、無償の精神も自発性も、肝腎のボランティア精神も期待できない。

　だが、その「不純な動機」で仕掛けたおかげで活動に入ってきた。もしその活動に「教育」がインプットされていれば、活動が終わったとき、彼には前述の「無償の精神」や「自発性」が育っていることが十分期待できる。つまり、これらのボランティアに求められる諸原則は、なんと活動の前提条件なのではなくて、活動の成果、副産物として生まれてくるのだ。

受けた善意という「負い目」が

　では、図の他の項目はどうか。「助けられ」の体験が、その人に「お返し」の活動を促すというのは、読者もよく理解できるのではないか。特に日本人は相手から受けた善意を「借金」と受け取る。借金はいつかは返さなければならない。

　歳末助け合いに毎年、寄付をする人たちの動機をさぐると、その一つにこの「借金返し」がある。「昔、災害のとき、全国の人に助けていただきました。毎年少しずつお返ししております」などとある。寝たきり老人などがよくボランティア的な活動をするというのも、毎日人のサービスを受け続けている彼等の心理を考えれば、ごく自然な動きだとわかる。

　次のキーワードは「恐怖」。ちょっと表現が極端だが、例えば、神の恩寵を受けたいという願いが逆に、いま私は神に認められていないのではないかといった怖れを人に抱かせる。宗教信仰者が利他的な行動をするのは、一部は神への怖れからきているとも言える。そこで「功徳を積まなければ」といった強迫観念にさいなまれ、それがとめどない利他的な活動を生み出す。

　前述の歳末助け合いの寄付者のもう一つのパターンは、この「禊（みそぎ）」派である。毎年、寄付をしておかないと、心に積もった「煤（すす）」を取り払えないといった言い方を寄付者はたしかにしているのだ。

鬱憤晴らしは「抗議」活動に発展

　次が「しがらみ」。町内会などの「しがらみ」で、やらざるをえない活動がいろいろある。義理は果たさねば、あとあとマズイ、のである。そこで仕方なく「おつきあい」として、お役を引き受けてお

■ 第2章「活動者」の心理

こう、となる。

　次の「好きこそ」は、ご想像どおりの発想である。誰だって好きなことなら、言われなくてもやるだろう。ただそれはあくまで「趣味」であって、ボランティア活動ではない。その趣味活動に誰かが上手に（趣味の腕を生かした）活動をパラパラと「ふりかけ」ればいいことである。

　「不満・鬱憤」も、かなり強烈な動機付けになる。それが生み出すのは「抗議」とか「要求」といったたぐいの行動であるが、それらも立派な「活動」であることに変わりはない。

　そして「肉親の情」「血縁」。少しでも血がつながっている相手には、私たちはもう無条件に援助の手を差し伸べる。「身内はかわいい」のである。それなら、この「本能」とも言っていい行動パターンを利用しない手はない。要は肉親に対する行為を「社会化」させてあげればいいのだ。なかなか活動に踏み込めないお父さんも「家庭サービス」なら、どんなに疲れていてもやろうとする。その家庭サービスを、例えば近隣のお父ちゃんたちで共同化すれば、それでもう「社会活動」に一歩踏み出したことになる。最後が「災害転じて」である。前述のように、なかなか地域活動に参加しようとしないお父さんに、何らかの「災害」が降り掛かったとき、意外にも彼らは、その災害を踏み台にして、社会活動を始めている。カンボジアでボランティア中に殺された息子の「遺志を継いで」父親が、企業戦士の鎧をかなぐり捨てて、ボランティア活動に身を入れるようになった、ようにだ。

　この場合も、動機は単純ではない。ここでは「遺恨」という言葉を使ったが、それも一つはあるだろう。息子を奪われた無念は、とても周りから想像できないぐらいであろう。その、いわば「遺恨」に近い感情から出発して、それがだんだんと純化されていき、やが

てはまっさらのボランティア精神に昇華されていく。それでいいではないか。

「エネルギー転換」の工夫を

　私たちが大事にしなければならないのは、取り組む前からしっかりしたボランティアの心構えができているかどうかを点検することではない。その人の行動を支配している最強の「動機」を探り出して、その強烈なエネルギーをうまく利用して「活動」に転化（ないしは昇華）させる仕掛けを、私たちがどこまで工夫できるかが、何よりも大切なのである。

　ということは、取り組む当人もまた同じような発想をすればいいわけだ。自分はなかなかボランティア精神を持てない、と嘆くよりも、自分の心を支配しているドロドロとした情念をむげに軽蔑せずに、そのエネルギーを「活動」へ振り向ける方策を冷静に考えればいいではないか。不純な動機も、それなりに必要なものだから私たちに備わっているのかもしれない。要はその生かし方次第である。

■　第2章「活動者」の心理

3. みんな「見返り」を求めていた
　　──これが人間の最も自然な反応だ

「1年で5分の4が脱落」をどうみる？

　先日、ある自治体が主導する公園ボランティアの研修会に講師として招かれた。既に活躍しているボランティアに加えて、今回新たに募集したもので、応募してきたのは100名程度。

　地元の山でゴミ拾いをしたり自然観察教室を開いたりするのがその役目だ。ちなみに前年の募集に応募した人数を聞いたら、やはり100名で、この1年間で残ったのは20名と聞いて驚いた。わずか1年間で5分の1に減ってしまったのである。

　たしかに山に登って、さらにそこでの活動である。しんどい活動であることは、想像しただけでもわかる。自治体としては、「青葉薫る春や紅葉が美しい秋だけの活動」組はあまり好まない。できれば月に2回ぐらいは出席してほしいと言っているから、かなりハードな活動ではある。私は冒頭からこの点を指摘し、「みなさんもこれに耐えるには、相当の見返りを確保しようとした方がいい」と、かなり生臭い話を持ち出したものだ。

　「ボランティア」といえば、「無償の奉仕」とくる。活動対象や活動そのものから、なんらかの見返りを求めようとするのは、最も不純な行為と蔑まれる。だから活動者はこの点だけは気をつけようと神経を使っている。企業人もだから、本業がらみでの活動は極力避けようとしているほどだ。

人間性の自然に反する「ボランティア」論

　しかし、この社会で完全に一方的な善意の通行というものがありうるものなのか。たしかにあっていいが、それでもその無償の行為を徹底的に分析してみれば、なんらかの見返りが提供されている（獲得されている）ことがわかるはずだ。

　信仰心の厚い人にとってみれば、無償の行為であるようで、じつは別枠で神からの褒賞が与えられるという「期待」が支えになっている。「そんなことは決してない。失礼な！」と叱られそうだが、そういう期待が本当に不純なのか。

　神からの褒賞を期待している人を分析してみると、それが（自動車でいえば）アクセルの働きをして、腰の重い彼の背中を叩く役割をはたしている。では彼はいつまでたってもその（神からの褒賞期待という）アクセルが必要かというと、いつのまにか本当の無償の精神で動いているときもある。しかしまたアクセルが必要なときもあり、また必要でなくまさに「自走」しているときもある。あの自動車の運転とまったく同じ状況なのだ。ボランティアという発想にはこのような人間の心理というか自然に反した要素が含まれており、この「ボランティア」の精神に則ろうとすればするほど、不自然な心理なり行動が生まれてしまう。

「肩書き」にこだわって悪いか？

　ではその見返りにはどんなものがあるのだろうか。まず「役職」。私はときどきロータリークラブやライオンズクラブ、青年会議所などの例会に招かれる。そこで講演をしろというのだが、先達に付き従って会議場に入ると、いつもながらギョッとする。全員が総立ちになり拍手で私を迎える。

演壇の脇には十名ぐらいのメンバーが既に席に着いていて、同じく拍手で私を迎える。その人たちの机の前を見るとそれぞれ「○○委員長」などといった役職の名前が書いてある。ヘェーずいぶんたくさんの役職があるんだなと感心しつつ、別のことも考えた。

この厳粛な式次第もそうだが、この役職の多さも、一つの目的を達成するためなのかもしれない、と。その目的とはメンバーの生きがいというか張り合いである。開会のゴングや会の歌の斉唱なども同じ目的に沿ったものだと私は確信した。こうやって自分たちを奮い立たせ、励まし合い、慰め合っている。そしてまた明日から社会のために頑張ろうと思うのだ。アメリカ直輸入の組織には共通してこうした仕掛けがミエミエでインプットされてある。ボランティア活動が盛んなのはこうした仕掛けと関連があるのだろうと私は思っている。たしかに照れ臭いが、励まし合うということは、こんなものである。

ついでながら、定年退職者がボランティアグループに入ると「元○○会社の○○部長」といった以前の肩書きにこだわる点が、メンバーの顰蹙（ひんしゅく）を買っている。しかし見方を変えれば、昔の肩書きがそんなに活動に励みになるのなら、それを認めるという逆発想もあるのではないか。

「さわやか福祉財団」で働く元企業人から聞いた話であるが、この組織では各自で好きな肩書きを使ってもかまわないというそうだ。活動に自信ができてくると、そんなことに興味がなくなるのだとも。これも一つのあり方だなと感心させられたものである。

「厚生大臣表彰」に狂喜する人たち

次に「慰労」。ここでは特に自分たちでホメ合ったり励まし合ったりすることを指している。メンバーにホメ担当者がいてもいいでは

ないかと私はいつも言っている。そういえば活動グループの様子をうかがっていると、高齢のメンバーがそんな役割を果たしているようだ。

「褒章」というと、だいぶ生臭くなるが、それが大いに励まされることは間違いない。かつてボランティアに「厚生大臣表彰」となったとき、福祉関係者からの抵抗があったが、表彰されるボランティアたちがほとんど狂喜している場面に、私は何度も出会った。うれしがって悪いことはない。理屈からしたら、「（ボランティアが表彰されるなんて）なんだかヘン」となるが、まあいいではないか。そして「助け合い」。このグループに入って、人のために尽くしているが、そうしている私もこのグループに入っていることで困ったことが解決されるとなれば、これもまた見返りの一つになる。グループに所属していれば、自分が困ったとき助かるというのは、最高のメリットかもしれない。

それと、今すぐ助かるというだけでなく、自分が年老いたときにメンバーが助けてくれる、いわば老後保険でもいい。ある高齢のメンバーが「老後はこの人たちにお世話になるという算段で、若いメンバーの世話を焼いている」と公言していた。それを聞いて、不純だと感じたことは一回もない。むしろ、なかなかしたたかだなと感心するぐらいだ。

グループ入会はネルトンツアーだった

自分たちの活動が新聞やテレビで「報道」されるのも、気分がいい。自分たちで自主的に広報するという方法もある。よく周年誌が私どもの所にも送られてくるが、これもそのいっかんなのかと思う。

活動グループに所属することで友だちが得られるというのも大変なメリットだろう。それが発展して結婚相手が見つかるとなれば、

■ 第2章「活動者」の心理

こんなにいい話はない。

　かつて山形県の学校の教師で、東北地方の高校にボランティアグループづくりを仕掛けている人に出会ったが、こんな興味深い話をしてくれた。高校生たちが社会に出て結婚すると、彼にも「式に出てくれ」とお呼びがかかる。そのたびにご祝儀を包まねばならないので「薄給の身で厳しいですよ」とグチっていた。ところが式場に行って、カップルを見て驚いた。高校生時代に一緒にボランティア活動をやっていた同士だった、というケースが少なくないというのだ。

　なんのことはない、そこでは高校生のボランティア活動とは、あの「ネルトンツアー」に他ならなかった。それでいいではないか。彼らには異性と接する機会がなかなかないというのが悩みである。ボランティアグループがその絶好のチャンスを提供していた！

活動で豊かになれるのならベスト

　活動をしていて「お楽しみ」があるというのもいい。趣味活動をしたり、みんなで旅行に行ったり、だ。活動グループによっては、そういうことをするのは不純だと思っている人たちもいるが、私たちがボランティアグループに入る理由の一つに（というよりはほとんどこの理由だろうが）豊かになりたいということがある。と言われてみれば、公民館に学習に行くのも、働きにいくのと同じぐらい豊かになりたいという動機があるのだ。

　むろんボランティア活動をするのにもそんな動機が含まれている。とすればボランティアグループに所属することで、他の豊かさのための行動をしてはならないということはないだろう。ボランティアグループで趣味を楽しんだり、友達づきあいを楽しんだり、旅行をするのがいけない理由はないのだ。

活動で「金銭収入」が得られれば、これも悪くはない。それじゃ、ボランティアではなくなるではないかと言うかもしれないが、そもそもボランティアというのは特定の人物を指すのではなく、その精神のことを指すのだとは考えられまいか。としたら若干の収入が得られる活動の中でそれなりのボランティア精神を発揮すれば、それもまたボランティアということになる。

　最近、有償の家事・介護サービスグループが広がってきているが、かなり収入を意識して加入してくる人が増えている。そうやって初めは収入目的で活動していたが、やっているうちに徐々にボランティア精神に目覚めるようになった、というケースもある。それでいいではないか。初めからボランティア精神を求めるのでなく、活動の中でそれが育ってくる、それを期待するというのが、人間としてはもっと自然なあり方だと思うのだ。アメリカのボランティア加入案内パンフレットを見ていたら、「活動すれば、パソコンが覚えられます」といった誘いの言葉が紙面一杯に踊っていた。活動すればいつかは仕事につながるという誘い文句なのだ。アメリカは日本の関係者ほど「動機」にうるさくないからこんな生臭いアッピールができるのだ。

施設等ボランティアを受ける側の義務

　活動の対象者からの感謝も見返りになる。この「感謝」も含めて当事者たちはサービスをしてくれるボランティアたちにどんな見返りを提供したらいいのか、本気で考える必要があるかもしれない。別に恩着せがましく言っているのではなくて、それがサービスを受ける側の義務であると同時に、そういう儀礼をしっかり実行することで相手と対等の関係になれるというスジ論もこの中には含まれているのだ。さすがに何十人ものボランティアを受け入れている重度

の障害者になると、そのあたりのことは十分考えているようである。

　もうひとつ、ボランティアの推進機関の関係者もまた、ボランティアに活動をコーディネートするだけが仕事ではない。その活動者に対してどんな見返りを提供するのかをしっかりと考え、実行する必要がある。とともに受け皿（福祉施設など）や対象者に対しても応分の見返りをボランティアに提供するよう指導していくのも仕事である。

　その見返りの一つに「評価」という行為がある。一年間でどんな活動をし、それによってどんな成果が生まれたのか、それに対してそれぞれのボランティアがどの程度に貢献したのかを明確に「評価」する。もっとすすんで、その活動という実績をなんらかの形で活動者の利益に結び付けられないかも考える必要がある。例えば学生なら、学校側にその事実を提示し、成績評価に加えたり、就職の際に有利になるようにとか。これだって生臭いことは間違いないが、別にそれで誰かが不利益を被ることはないはずだ。

　最後は「目標達成」。活動にあらかじめ達成目標を立て、それが実現したとき、記念パーティを開くとか。それが意外な張り合いに結びつくものである。ただ漫然と活動していると、自分たちの活動が役立っているのか、進歩発展しているのかわからなくなる。そして「やりがい感」も持てなくなる。

無償の「副作用」がこんな所に現れた

　ボランティアに見返りをしっかり確保させるためにボランティア当人はもとより、受け皿または対象者、そして推進機関も、もっと本気で具体策を講じるべきではないか。それを怠っているために、現場でどんなことが起きているか。

　ボランティア向けの研修会に出向くと、いわゆる「問題のシニア

男性」に出くわす。講師に悪口雑言を浴びせかける人、他のボランティアの発言にいちいちケチをつける人、行政機関やボランティア推進機関に始終文句を言っている人、それでいて本人は研修会場に途中で入ってきたり、途中で席を外したり、もう言いたい放題、やりたい放題なのだ。講師の私は、内心カッカしているが、相手がボランティアだからか主催者も推進機関も何も言えない。他のボランティアたちは、冷たい視線を向けるだけだ。

　今までビジネスの世界にいた人たちが、見返りを求めない無償奉仕の世界に入るや、まさに「恐いもの知らず」の態度に変わっていく。そういう心得違いをする人が何パーセントか必ずいるというのは、悲しむべきことである。「無償」の副作用がこういうところに現われているとみたらどうか。

■ 第2章「活動者」の心理

4. 活動を始めるには清水の舞台から飛び降りる勇気が要る

――やる気が出ても、24時間のいのち

活発なグループとの違いは？

　私たちは、(福祉・ボランティア)活動にとりかかるたびに、いちいち「清水の舞台から飛び降り」なければならないほどの決意と勇気が必要だとは、誰も思っていないはずである。ところが、意外や活動には、まさにその「清水の舞台から飛び降り」るほどの決意が必要なのである。そのことを自覚していないから、気軽に活動に踏み込もうとしたのにそれがなかなかできないでいて、「おかしいな…」と思い、だんだん自信を失っていく、といったプロセスを辿っていく人がたくさんいるのだ。活動はそうたやすくできるものではないのだ。そう思っておいた方がいい。

　これまで全国の無数のと言っていいほど、活動グループと接していて、気がついたことがある。活発なグループと不活発なグループには、たしかに、ある部分で大きな違いがある、ということである。その違いとは何か？

　今、小さな町の、まち起こしグループに継続的に関わっているが、不思議なことになかなか活動が始まらない。春にグループを立ち上げ、もう半年になろうとしているのにだ。その理由が見えてきた。会則づくりなど基本的な作業が終わり、いよいよ活動となって「まず学習しよう」と誰かが言い出す。この「学習」がくせものである。「とりあえずは介護保険の勉強から」と始まり、これを4回シリーズ

でとなった。月一回の例会が唯一の出会いの機会だから、これで4ヵ月は学習で埋まる。メンバーは安心してただ出席していればいい。

出席しているだけで「活動」の実感

　4ヵ月が終わったらどうするか。「次は△△の勉強を」とまた誰かが言い出すはずだ。結局「今年いっぱいは学習を」と、まるで学習グループみたいになっていく。

　このグループは特殊ケースではない。全国の新設グループ（小地域単位に作られた本格的な組織も同様）の事業（活動）状況を、事業計画書や報告書で見せてもらえば歴然とする。一年どころか2、3年は「事業」といっても、学習か見学、せいぜい講座の開催である。実質まだ活動組織にはなっていない。

　前述のまちおこしグループに戻るが、メンバーは例会に出席するというだけで「活動している」感じがしているはずである。例会とは、その月に実施した活動の報告をし、これからの発展のさせ方や問題点を話し合うものなのだが、肝心の活動が始まっていないから、結局は勉強会にならざるをえない。やがて会員が減っていく。ただ集まるだけでは物足りないという活発会員も交じっているのだから。

　なぜ活動をはじめないのかとせっついてみたら、猛烈な反発が返ってきた。いろいろ考えているのだが、やり方がわからないのだという。ではその月に何度か活動内容を検討する会合を開いているのかというと、そうでもない。出会うのは月一回の例会だけだ。

　途中で参加してきた一人がこう発言した。「隣りに猫を30匹も飼う人が越してきて、迷惑している。このグループならなんとかしてくれるのではと思って入会した」と。ところがこれに誰も反応しない。半年も活動しないでいると、活動を促すヒントが足元にやってきても、反応しなくなることがわかった。

■ 第2章「活動者」の心理

タイミングを失するとアウト

　「そんなに急ぐことはない」という反論もあった。まだ半年しか経っていない、という見方もないことはない。こういう活動は、じっくり学習したうえで、本格的に始めればいいという論理もありうる。

　ここには大きな落し穴がある。ある町のボランティアセンターが立ち上がり、いよいよ登録を受け付けるようになった。そこでセンターの職員に、そろそろ活動を提示する段階に至ったかと聞くと「いや、それは来年からです」。今年は「貯金」の年ですと。2、3年後、彼に会うと、こんな悩みを私にぶつけるのだ。最近になって、登録者に活動を提示したら誰も反応しない。とにかく一度集まってと手紙を出してもだめ。「情けない！」と登録者を非難していた。

　これは無茶というものだ。登録した当初はやる気満々だったが、それから2〜3年も経過している。せっかくのやる気も完全に失せているのが、人間の自然な感情である。アメリカのボランティアセンターを視察した関係者の話だが、ボランティア登録した人に、24時間以内に必ず一つは活動を提示するという。

　こう考えたらいい。ある人がボランティアしたいと思い、ボランティアセンターにやって来る。あるいはボランティア講座に参加する。その瞬間はたしかに活動意欲がある。しかし、センターから家に戻れば、もうかなりやる気が失せている。講座を終わって家に帰り着いたときは、もう違った人間になっていると見るべきである。だから24時間以内にとにかく一つの活動を提示するという方法は人間の心理に叶っているやり方なのだ。

　ものごとにはタイミングというものがあるのだ。半年も不活発だと、当初はあったはずのやる気は失せている。だから、ある意味では急がねばならないのだ。

活発な仲間の足を引っ張り始める

　某ボランティアセンター主催の講座に講師として出向いたとき、一人の受講生がこんな発言をした。講師（私）の話は昨年聞いた。それで活動グループを立ち上げたのだが、なかなかテーマが見つからず、とうとう一年が過ぎてしまった。「また今年も一年、活動テーマを探し続けようと思います」と。奇妙なことに見えるが、活動テーマを探すという行為でも「自分は活動しているのだ」という実感は得られるものなのだ。こうして、例会を開いたり、委員会を開いていても「活動」の錯覚を持てる。学習することも、活動テーマを探すことも、同じ。

　先日、名の知れたシニア男性グループのリーダーを講座の体験発表者として招待した。ところが会場に姿を見せると、あたまをかきかき言い出した。「いやあ、まだこれといった活動をしていないんですよ。なにしろ仲間が会うと一杯ですからね」。全国にはいかに多くの「活動錯覚グループ」がいることか！

　こうした不活発メンバーが不活発なだけなら、まだ罪はない。メンバーの誰かが活発になりはじめると、つぶそうとし始める。「つぶし屋」にとってみれば、活発メンバーのおかげで、重い腰を上げなければならないのだから、そうせざるをえない。

活動つぶしのテクニック

　つぶし方にもいろいろある。ちなみに10ほど並べてみよう。まず、①人のアイデアに「それはむずかしい」と反対する。②「一度試みたけど失敗した」などと言われると、シュンとなってしまう。効果抜群だ。③「もし事故が起きたらどうするの？」も強烈だ。だいたい活動企画が頓挫する理由の多くはこの「事故が起きたら」のパタ

ーンと考えてもいいぐらいである。④手続きなど、庶務的な作業にこだわる。そしていかにも面倒な手続きがかかるのだと強調する。それで、企画を提案した人もだんだん面倒臭くなってくるというわけだ。

⑤「〇〇さんの了解を得なければまずい」と言う。役所を通さねばとか、関係機関を並べ立てて、それぞれにも話を通さねばと言い張る。これでもう、だんだん面倒になってくる。⑥そんなこんなで、壁にぶつかるのを待って「やっぱりやめましょうよ」。⑦「夢」に対して露骨に軽蔑の目を向ける。活動を起こさせるのは「夢」だが、それをいかにもつまらないことのように言う。

⑧「例年どおりにしよう」と前例に執着する。例年どおりとなれば、絶対に失敗しない。レールが敷かれているから、こんなに楽なことはない。結局、皆の意見がそっちへ行きがちであるのは仕方がないのか。⑨議論を分散させウヤムヤにしてしまう。いろんな問題点を吹っかけ、議論を混乱させてしまうのだ。⑩やりたくない人と徒党を組む。活動に反対の人と団結する。これもよく使われる手だ。こう考えていくと、活動を鼓舞する技術よりも、それを挫かせる技術の方がよほどヴァリエーションに富んでいるなと感じるのではないか。皮肉なものである。

提案したらすぐさま実行、の凄さ

では活発グループはどう行動するのか。長野県駒ケ根市の元鈑金業の飯島さん夫妻が、廃業して空き家になった駅前店を改造して、ふれあいサロンを、立ち上げた。

開所式に講演を頼まれたので、その前夜に飯島さん宅（つまりふれあいサロン）を訪問した。旦那の釣ってきた虹鱒の塩焼きや自分の畑から取ってきたというナスの焼いたものなどのご馳走を頂戴し

たが、そこでいろいろなことがわかってきた。夫婦の「活発さ」は相当なものだということである。

　たとえば開所式を明日に控えて、どうせなら「のぼり」を立てたら目立つのではと言ったら、翌日会場へ行くと、なんと「のぼり」が用意されてあった。ここに来た人に一言書いてもらうノートを用意したら？　と提案したら、それもすぐするという。この建物ができるのにたくさんの善意が寄せられたのだから、その一つ一つを板書して目立つところに立て掛けたらとも言ったら、それもすぐするという。

　その他にも当日必要な器材などを、並べ立てたら、そのほとんどを実現してしまった。活発な人というのはこのように「すぐ動く」人なのだ。明日でもなく、あさってでもなく「いますぐ動く」ところがミソである。

　こういう人物と一緒に活動すると、本当に気持ちがいい。ヘンな言い方だが、「便秘をしていない」爽快さに近い。課題が生じても動かないと、だんだんとそれが腹に溜まってくる。それが重なると「便秘（をしているような不快な）感覚」が生まれてくるのだ。しかしその便秘感覚も続くと、今度はそれにも慣れてしまう。恐ろしいことである。

重い腰を上げるのはたしかにしんどい

　たとえば、一つの活発な小グループがあったとする。彼らがまちを歩いて、「犬も歩けば」ではないが、なにか問題にぶつかったとする。むろんすぐさまそれに反応するだろう。そうやって開始した活動のさなかに、また新しい課題が近付いてくる。それにも反応する。その活動を始めると、またまた新しい課題に、という具合にして活動テーマはとめどなく広がっていく。

■　第2章「活動者」の心理

自分たちだけではこれ以上は消化不良となると、他の組織や人を使うようになる。このセンスも備わっていれば、消化不良を起こすことはあるまい。こうしていもづる式に「すぐさま反応」を繰り返していけば、その小さなまちおこしグループだけで、まちのほとんどの課題に接することができるのではないか。ニーズがないとか、テーマが見つからないといった言い分が彼らには信じられないことであるはずだ。

　このような活発なグループと行動を共にしていて実感するのは、活発であることはたしかにしんどいということである。まちを歩くと、またはなにか活動をはじめるとすぐに次なる活動課題が見えてくる。そのたびに腰を上げなければならない。だれだって、重い腰を上げるのはしんどい。そんな怠惰な心に鞭打って動き出すのは、それなりのエネルギーが必要かもしれないなと実感した。

　私にとってはエネルギーが必要だが、しかし天性の「活発家」にとっては、別にそんなものは必要でないらしい。地域活動というのはそういう人たちの独壇場なのだ。地域活動をすすめていく場合に、それぞれの持って生まれた資質を生かし合うことが大切だということである。

相手の懐に入るには勇気が要る

　活動には「清水の舞台から飛び降り」なければならない、もう一つの理由がある。福祉のまちづくりの組織のリーダーたちと話し合っていて、なかなか活動に踏み出せない理由を彼らはこう表現する。「プライバシーの壁があって、相手の懐に入り込めない」と。

　一見、もっともな理由に見えるが、じつはそうではないのだ。福祉問題を抱えた人などは、たしかに助けてもらいたいのだが、かといって、簡単に胸襟を開くとはかぎらない。助けてもらうによ

って、自分たちのすべてを曝さねばならないことを知っているからである。そこで、一方では助けてもらいたいフリをしつつ、もう一方で家の中に閉じこもったりして、他人を受け付けない態度にも出る。矛盾した態度であるが、仕方がない。

　相手はたいてい、こんな態度に出るのだから、よほどこちらが思い切って入り込まねば人を助けることなどできない。「プライバシーの壁があってね」などと言い訳を言っている間は、活動はおぼつかないと言っていい。そこで逡巡せず、思い切って相手の懐に入り込む勇気がなければならないのだ。

　などというと、活動というのは大変なのだなと感じるだろう。そうなのだ、人によっては大変だし、もともと生まれもってのセンスを持っている人には、それほど大変ではないのだ。

5. 地域の優れた活動は
　　クセのなせるワザだった

――地域では「福祉は人なり」が絶対原則

探求癖が特養の調査という活動を生んだ

　長野県で開かれたフォーラムでのこと。出演者の一人であるＹさんは「介護の社会化を進める会」（特別養護老人ホームをよくする市民の会）を組織して、地区内の特養ホームに対する調査を実施し、その結果をまとめた。それぞれの施設について、さまざまな側面から詳細に聴取してあり、丁寧な調査活動が行なわれたことがそれだけでもよくわかる。

　この種の活動が、ＮＰＯによって各地で始められた。好ましいことである。施設を市民の側からきちんと点検する。オンブズマンの活動と相まって、こういう活動が、福祉を実質的に前進させる力になるのだ。

　ところで、彼がどういうきっかけでこの活動に取り組むことになったのか。そのあたりをほじくっていくと、おもしろい点に突き当たった。彼は元サラリーマン。技術屋さんだったらしい。その彼は企業に在職中からボランティアをしていたという。どんな活動をしていたのか。なんと同僚の悩みの相談にのっていたというのだ。社内でトラブルが生じると、それにも関わっていく。そのあたりを彼はこういうふうに表現している。

　「半分は立場上、半分は私の好奇心で『どうしてそうなったのか、どうすればいいのか』と関わり合っているうちに…」いつのまにかのめりこんでいったというわけだ。社員の悩み事の相談にのってい

る。なかなかできないことだと思うが（たしかにそれもあるだろうが）、しかしそれは、彼のクセのなせるわざだと言えなくもないのだ。そこに悩んでいる人がいると、どうしてもそれに取りついて、その原因や解決策を模索したくなるのだ。

　クセなどというと、彼に失礼になるかもしれないが、もしかしたら地域活動に身を入れている人の少なからずが、そうすることがその人のクセなのだと言えるようなのである。格好よく言えば「探求心」か。それが、退職した後も、彼の行動を規定していた。そうなのだ、特別養護老人ホームの調査という、ホットな活動は、じつは彼の「探求グセ」が生んだものなのだ。ことわっておくが、クセのなせるわざだから、その活動の価値が薄いということはまったくない。

「ついつい老人宅をこじあけてしまう」！

　地域の福祉活動の現場に赴くと、そこでときどきユニークな人に出会う。たとえば「こじあけ屋」。東京・武蔵村山市の専業主婦のG子さん（45）。あるとき通り掛かった家の玄関周辺が草ぼうぼうであるのが気になった。周囲にその家のことを聞くと、いろいろ問題がある家らしい。そこでお節介の虫が騒ぎ始めた。が、その程度のことで「こんにちは」と玄関を開けるわけにはいかない。

　そこで「草ぼうぼう」の問題から入ろうと作戦を立てた。鎌を持って行って「お宅の玄関前の草を刈らせてください！」と押し掛けた。草を刈りながらチラチラと庭をのぞくと、案の定。そちらも荒れ放題。「庭の方も刈らせて！」草刈りの作業中に、家の中をチラチラとのぞくと、カーテンにゴキブリが這っている！　そこで「カーテンを洗わせて！」そうやって家の中に入ると、高齢の男性がいて、その脇に半身不随の女性が寝ていた。家の中はゴミの山だ。そのゴミを分別し、ゴミステーションに出して部屋の中をスッキリさせる

のに一ヵ月もかかった。涙を流して喜ばれたという。近隣の助けを拒否して頑固に閉じこもる一人暮らしの男性宅のことも、以前から気になっていたG子さん。普段から「なにか接点を持てる機会はないか」と気をつけていたら、ある日家の戸が少し開いているのに気がついた。今がチャンスとばかりに入り込んだら、そこで倒れていた。あわてて救急車を呼んで事無きを得たが、以後、毎日のように世話焼きに通い始めた。

「これが私の性格だからどうしようもない」

当然のことのように「二人は怪しい」とあらぬ噂が立ちはじめる。それならと毎日パートに出掛ける直前（3時頃）にコーヒーを飲むのを、その老人宅で一緒にと、やり方を変えることにした。それでも一回立った噂は消えない。しかし「そんなことを気にしても仕方がない」と無視することにしたという。むろんその老人からは感謝されていることには変わりがない。

こんな（お節介な）自分を振り返って「わたし、ちょっとおかしいんじゃないかと思っていた」という。さりとてこのクセは簡単には治らない（！）。「でもこれが私の性格だからどうしようもない」と今は開き直ることにしているという。そんな彼女のお節介ぶりを私が高く評価したら、「ああ、それでよかったんだ」と安心した、と感想を洩らしていた。自分の「変わったクセ」に自身、当惑していたぐらいなのだ。その他の人材も、これとまったく同じだ。例えば「叱り屋」という特異な人材を見付けた。叱るというと聞こえはいいが、要するに悪さをした人をつかまえて懲らしめるということである。または警察に連行して、絞り上げてもらう。この人物も、本人に確かめてみると、いわゆる正義感というようなものではなく、とにかく悪さをする者がいたら、夜中でも、寝巻姿で飛び出し（火事

場見物のように)、そのワルたちの行動を追跡し、警察に通報する。あっちとこっちから挟み撃ちにしなさいなどと知恵をつけるぐらい。ほとんどビョーキといってもいいぐらいである。

こんな行動が自分の店の評判にどういう影響をもたらすかと聞くと、そういうことを考える以前に、飛び出してしまうのだと答えた。まさにクセである。しかしこのクセがうまく働くと、じつにいい地域を作り出す最大の貢献者になるのだ。彼の所属する商店街の人たちは、なにかあると彼のところに持ってくる。ついでに雪掻きとか、商店街の修理などといった、多くの人材を必要とするときは地域住民全員を引っ張り出す。やらせ屋にも転身するのだ。そして、それはたしかにうまくいっている。

「ねばならぬ」以前に体が動いてしまう

「地域は人なり」という言葉が浮かんだ。地域で福祉活動をする場合、その活動者個々の資質が、最大の問題になる。関係機関から委嘱されたとか、町内会長から指名されたからといった名目で地域の福祉に関わると、必ずカベに突き当たる。

当事者に関わろうとしたら拒否された、問題の人がいるのだが手を出せない、協力者を探しているがなかなか得られない、といった悩みが目白押しである。そして、やっぱり地域活動はむずかしいと眉をしかめる。ここが「地域は人なり」であるゆえんなのだ。その人にとってはむずかしいかもしれないが、G子さんにとっては、むずかしいどころか、それ以前にクセのなせるわざで、その閉じこもり老人の扉を開けてしまう。彼女にとってはむずかしいことはなんにもないのである。

もしかしたらボランティアの自発性というのは、こういう事態のことを言うのではないのかとも思うのだ。なにか活動をしようとい

■ 第2章「活動者」の心理

うとき、それをせねばならぬといった理由付け以前に、体がうごいてしまう。ボランティアの資質というよりもその人のクセなのだ。クセの発露、これが自発性の正体だといったら興醒めになろうか。

彼らは「クセの社会化」に成功した人たち？

「クセの発露」のよさは、地域活動に努力が要らないという点にある。地域活動のために「なるべく地域の人と積極的にふれあうように努力したい」「できるだけ老人宅の様子を見守るように努力したい」と「努力」という言葉を連発する人がいるが、いちいち努力をしなければならないようでは、活動は続かない。その点、クセの働きで動くというのはラクである。ただ自分のクセのなすがままに任せていればいいのだから。

というわけで、優れた地域活動家の中に、「クセ」なるものを発見した。ただ、そのクセのなすがままに委ねているだけではない。例えばYさんは、そのクセを「特別養護老人ホームの調査」という、ホットな事業に生かさせた。「クセの社会化」というか、ソフィスティケイトというべきか。自分のクセをいかに社会のために有効に働かせるかの知恵が求められているのだ。ここに紹介した人は、そのセンスも持ち合わせていた。それが単なる「クセ持ち」の人と彼らを分けさせたものかもしれない。

6. 男に地域活動の最前線を任せるな!?

――男性と女性の遺伝子の違いにご注目

「なぜバターは消えてなくなるのか」

　たまたま本屋で見つけた、へんてこな題名に誘われて『話を聞かない男・地図が読めない女』という本を買ってきたら、娘が「それ読みたかったのよ」とか言って、持っていってしまった。若者の間でも話題になっているらしい。何日かしてやっと取り戻し、パラパラとめくってみたら、そこに驚くべきことが書いてあった。「なぜバターは消えてなくなるのか？」という見出しでこういうくだりがある。

　……世界中どこでも、男女の間ではこういう会話がかわされているはずだ。男は、扉が開いた冷蔵庫の前に立っている。

　　夫「バターはどこだ？」
　　妻「冷蔵庫のなかでしょ」
　　夫「さっきから探しているけど、みつからないんだ」
　　妻「あるはずよ。十分前にしまったんだから」
　　夫「ないなあ。別な所に置いたんじゃないのかい。冷蔵庫のどこ
　　　を探したって、バターはないよ」
　業を煮やした妻は、勢い良くキッチンに入ると、冷蔵庫に手を突っ込み、まるで手品のようにバター入れを出す……

■ 第2章「活動者」の心理

女の方が気質的に視野が広くできている

　じつは私も、よくこういう体験をしているので、なんだか私の生活を覗かれたのかと思ったぐらいである。たまに料理をしようとすると、材料の一つ一つがどこにあるのか、いちいちカミさんに聞かねばならない。そのたびにこんな会話が交わされる。「オーイ、○○はどこだ？」「戸棚にあるでしょ？」「戸棚の中のどこだ？」「戸棚の中をよく見なさいよ。あるでしょ？」「戸棚だけじゃわからんよ。戸棚の中のどこかを言えっていってるんだよ！」。じれったくなって妻がやってくると、まさに「手品のように」戸棚の中から目指す物を取り出してみせる。そんな体験をするたびに「一体これはどういうことなんだ？」と首を捻ったものだ。

　本にはこう書いてある。もともと男女の体の構造に起因しているのだと。具体的には、（人類の進化の過程で）「狩猟を任務としている男性の脳の方が、視野を狭くするのは得意だ。家を守る女は、身の回りの情報をできるだけ多く拾い集めるために、広い範囲が見えるようになった」のだと。ということは、前掲のような会話はこれからも夫婦で死ぬまで交わされることになるわけなのだ。そのたびにイライラしていた私は、アホだったということになる。

「男と女は生物学的に異なる生き物」だと

　アメリカでは「ＰＣ」という恐怖の（？）言葉が広がっている。ポリティカリー・コレクト。ちょっとでも人種差別的な、あるいは女性差別的な言動があると「ＰＣ」の名において集中攻撃にあう。「男女は平等」だ。しかしと、この著者は言う。男女平等と男女差とは違うのだと。「医学や心理学、社会学などの研究成果は、すべてひとつの結論を示している――男と女は違うということだ」。

そして「どうやら男と女は生物学的に異なる生き物として作られているらしく、社会が決まり切った役割を押しつけているわけではなさそうだ。つまり男女の違いは、脳の回路の違いなのである。脳の配線が違うために、世界の認識も変わってくるし、価値観や優先順位も同じではなくなる。どちらが良いか悪いかではなく、ただ違うだけなのだ」。

だいぶくどく著者の主張を紹介したが、私たちはこのことをしっかりと頭に入れて現実に対応していかねばならないのだ。

「彼らは後方支援専門に回せ」

私はいつも福祉関係者にこう「警告」している。「地域活動の前線に男性を配するな。彼らは後方支援専門に回せ」。と書きながらも、こちらは「ちょっと断言しすぎかな」と心配したものであるが、本書を読むとこれは正解だったということになる。小地域福祉のネットワーク事業に取り組んでいる市町村社会福祉協議会の要望に応えてネットワークのリーダーたち向けの研修会に出向くと、そこにずらりと居並ぶのは、むろん男性たちである。

彼らが今まで何をしてきたのか聞いてみると「組織は作った」。たしかに女性にはこんな見事な組織は作れないだろうと思われる。しかし、そのあと何をしていいのかわからないで苦しんでいる、というのが現実だろう。苦しむだけならいいのだが、末端で女性たちが個別に思い思いの福祉活動を始めるとそれを圧殺しようと動き出す。女性たちの、個々バラバラの、組織的でない活動のあり方が気になって仕方がないようである。

いったいに、組織をつくるということ自体は福祉活動でもなんでもないのだが、不思議なことにそれを「活動」だと錯覚し始める。というわけで、小地域福祉のネットワークは組織やネットワークの

図式までは描けたが、そこで止まっているというのが現状ではないか。そうさせているのは男性である。

この現状を打破するには、どうしたらいいのか、特に男性をどう指導したらいいかと頭を捻ってきたが、もしかしたら「頭を捻る」こと自体無駄なことだったのかもしれない。

目的へまっしぐらの「問題解決マシン」

そこでまたこの本を開いてみる。なるほどと合点がいった。男は目的指向型の人間と言おうか、要するに特定の目標を設定し、そちらへ向けて突っ走る－そうするように脳にイツプットされているらしいのだ。「問題解決マシン（機械）」とまで本書は言っている。こうなるとロボットみたいなものだ。

地域の福祉を実現するためにまず活動のための組織をつくる。そこまでははっきりしているから、やりやすい。しかしそのあとの地域活動は、まさに「わけがわからない」。せいぜいが、特定の事業計画を定めて、その実現に向かって突っ走るだけ。

ところが地域では、そんなに計算どおりにはものごとがすすまない。イベントを開いても相手はやってこない。仲間を募っても、期待どおりには参加してくれない。困った人が、はっきりした形で姿を現してくれたらいいのだが、そうでもない。

どこにだれがどんなふうに困っていて、それにどう対応したらいいのか…決まった原則もなにもない。というわけで男性にとって小地域活動というのは、わけがわからない対象なのである。そんな彼らをネットワークの枢軸に位置付ける、あるいは最前線に立たせるのは、やはり考え直した方がいいかもしれない。

サロンに男が来ないわけがわかった

　小地域活動と言えば、最近流行の「ふれあいサロン」。生きがいや介護予防の意味を込めて、地域内の引きこもりがちの高齢者を招いて、いろいろな楽しみ事をしましょうというわけだが、ここに男性が参加しないので主催者は困っている。

　栃木県の足尾町で高齢者が「溜っている」家を探したら、わずか人口4000余の町に50箇所近く見つかった。ところがその中に男性の姿はほとんど見えない。かなりサロンづくりが盛んな市町村に行って調べても、状況は同じだ。それも「男性の方が少ない」といったものではなく「ほとんどいない」のだから、異常としか言いようがない。

　そこでまた本書をめくってみる。「女は関係を、男は仕事を大切にする」という小見出しが見つかった。男は食べ物を探してくる。女は巣を守り、次世代を確実に残すことと、まわりの人との関係を良好に保っていく。その営みを何万年もやってきた。「人類の進化というスクリーンの中では、現代社会はチラッと点滅する一点の光でしかない」のだ。その癖が今だに除去できずに、男は相変わらず「なにかをする」ことに専心し、女は、男性が嫌う「おしゃべり」を楽しむ。

　本書の冒頭にこんな笑い話が載っている。「男がトイレに行くとき、目的はおそらく一つしかない。一方の女にとって、トイレは社交ラウンジでありセラピールームでもある。お互い見ず知らずで入った者どうしが、出てくるときは親友や生涯の友になっていたりする。でも、もし男が『おい、フランク。俺はいまからトイレに行くけどいっしょにどうだい？』などと言ったら、たちまち噂になるに違いない」。これで笑えるというのは、やっぱりお互いに「思い当るフシ」

■ 第2章「活動者」の心理

があるからなのだ。男がトイレの中でおしゃべりしたりするものではないと、あなたも思っているだろう。

　こうなると、男性を「おしゃべりサロン」に引っ張り出そうとするのは、かなり残酷な仕打ちなのかもしれない。そういえば、男性をサロンに加えるなら、特定の行動目的を与えた（頼み事をすること）方がいいと私たちはなんとなく思っている。それが正解だったのだ。

男は一度に一つの仕事しか集中できない

　最後にもう一つ、女はマルチ人間だと本書は言っている。これで思い当たるフシがいろいろある。今、述べたトイレの話でもそうだ。男はトイレは文字通り「用を足す」場でしかない。しかし女からすればそこは、ついでに社交場にも、またストレス解消の場でも、化粧直しの場でもある。本書の中でデパートに夫婦で行った場合、起こる「悲劇」にも触れている。

　女たちは、あれこれ品定めを、むしろ楽しんでいるふうである。それで結局は買わないとくるから、夫はイライラさせられる。男にとってはデパートは、ある物を買いに行くこと以外ではありえない。「ついでにあれをして、これもして」というのに、どうしても男はついていけない。

　短気とかゆとりがないとか、ものを楽しむ感覚が欠けているといったいろいろな評価が下されるが、じつはこれは男と女の脳の構造の違いからきているのだった。

　本書にこんな指摘もある。男の脳は専門分野ごとにはっきり区分けされている。一度に一つの仕事しか集中できないようにできているという。ある目的で行為を始めたら、その目的の達成に専心する。それに他の目的をあれこれ追加していくと、もう混乱してしまうのだ。

女は複数のテーマを同時に議論できる

　地域で主婦たちと活動していると、おしゃべり（井戸端会議）のチャンスが頻繁に巡ってくるが、私もこれが苦手である。ほとんど「苦痛」といってもいい。初めはAという話題であったのが、いつのまにかBへ移行し、さらにC、D、Eととめどなく広がっていくのだ。

　まてよ、Aの方はどういう結論に達したのか。どうしてそこからBに移ったのかと頭の中で整理しようとするから、結局おしゃべりについていけなくなる。話題が４つも５つも広がると、完全に混乱状態である。しかし女性たちは少しも「混乱」しているふうには見えない。しかも…「会話が終わった時点で、どういう話題が出たか、何が起こったのか、どんな意味があったのかは女はすべて了解している」というから、驚きだ。

　外食もそうだ。「女にとって外食は、人間関係を築き、発展させて、悩みを話し合ったり、友人との付き合いを深める手段である。男にとって外食は、食事にありつくための一方法にすぎない」

　それだけのことなら、おもしろいといって笑ってすませられるが、じつはそうもいかないのだ。このマルチ人間である女、つまり複線型の生き方ができる女と、単線型の生き方しかできない男には、長い人生で決定的な差ができてしまうかもしれないのである。

豊かさへの一石六鳥作戦は女の独壇場

　私は「豊かな人生づくり」のために、豊かさのダイヤグラムをいろいろ利用している。私たちは豊かに生きていこうとする場合、六つの要素を頭に入れている。すなわち①仕事・収入、②健康、③趣味・学習、④家族・夫婦、⑤ふれあい（友達）、⑥社会活動（ボラン

■ 第2章「活動者」の心理

ティア)。

　それをまんべんなく充足させるために、最も効率的な生き方として、一つの行為をする場合、「ついでに」他の要素も充足させてしまう、という方法を私は提示している。それを「一石六鳥作戦」と呼ぶことにしている。「この人は豊かに生きている」と思われる人の生き方を分析してみたら、ほとんどこの「一石六鳥作戦」を（無意識にだが）使っていた。これができる人は、どちらかといえば女性に多いなと、なんとなく思っていたが、本書を見るかぎり、それまた正解だった。

　マルチ人間である女は、特定の行為をしながら、ついでにこれもあれもと、他の目的も併せて実行してしまうように体質的にできていたのである。それが彼女を手っ取りばやく豊かさ満開にさせている。

　田中真紀子元外相が外国訪問の際、必ず「ついでに」とばかり、（私用で）学生時代の友達を訪問したり、ショッピングなどに出掛けるのが話題になった。新聞記者といえば、多くが男性であろうが、「外務大臣ともあろうものが、私用でショッピングをするなんて…」と不快に思ったに違いない。しかし見方によれば、そういうことができるのが女性の「豊かさ」の証明かもしれないのだ。

　しかし、これでは男性は豊かになりにくい、ということになる。それは困る。男性の豊かさづくりにはどんな奥の手があるのか。

Capter 3

第3章
「助けられ」の心理

助けられる側の心理はまことに複雑で、矛盾に富んでいる。人は助けられる立場になったとき、すぐれて人間的になる。この助けられる側の心理が読めないために、今の福祉サービスは現場でミスマッチを起こしている。こちらの側から福祉のあり方を作り直せばいいのだ。

1. 心の貸借対照表

――サービスの受給一方の人をつくる残酷

普段は意識もしないが……

　以前から考えていたことであるが、どうやら人間の心の中には「心の貸借対照表」というものがあって、例えば誰かに助けてもらうと、その表の「負債」の部分に、助けてもらった量だけ加算されていく。その後、ボランティア活動によって「資産」の部が加算されると、両者は再び均衡を取り戻す。

　普段はそんなことは気にしないが、特に負債の部分が新たに加算されると、自分の心の中に「表」があることを、あらためて自覚するのだ。

　普段は意識しないといっても、私たちはこの表には意外に敏感で、例えばお隣から「おすそわけ」をいただいた程度でも、負債が増えたことを意識する。こちらがどこかへ旅行に行って「お返し」の品物を買ってくるまでは落ち着かない。そのお返しを果たすと、今度は相手の負債が増える。そんなことを近隣でやり合っている。こういう体験を主婦なら一度や二度は経験しているはずである。不思議なことに福祉関係者は自分のサービスの対象者に「心の貸借対照表」があるなどとはほとんど意識していない。相手を助ければ喜んでくれるに違いないと思い込んでいる。

おむつを替えられるたびに泣く女性

　以前、福祉施設に勤めていた頃、おむつ替えをされるたびに、声

を上げて泣く女性がいた。プライドの高い人で、いつもは同じ部屋の人たちを軽蔑しているのだが、おむつ替えとなると必ず泣く。誇りが高い分、それが崩される痛さも格別なのだろう。「人間ってよく泣けるものだなぁ」とヘンに感心したものである。その人の泣き声がいまだに耳に残っているものだから、福祉サービスというと、それによって相手がどれだけ誇りがつぶされるかなと考える癖ができてしまった。

しかし普段、寝たきり老人のおむつ替えをしているヘルパーはそんな恐るべきプライドが対象者にあるとは考えない。繰り返すが、お隣からちょっとおすそわけをいただいただけで、バランスシートが崩れるのが私たち人間なのだ。

では、寝たきりになってしまうと、そんなものは（心の中から）消えていってしまうのか。そんなはずはない。おむつ替えをされることによって崩されるバランスと、お隣からおすそわけをいただいたときの崩れ方を比較するならば、どう考えても、前者の方が抜群に大きい。

しかし現場では、それほどの差があるようには見えない。あまりに大きな負債、しかも負債だけが加算されていくと、人間は誇りを忘れてしまうのだろうか。またはそれが「摩滅」していくのか。借金ばかりしているとそれに慣れてしまうように。「俺は借金王」などとうそぶいている人がたまにいるではないか。何十億もの借金をしてこれから死ぬまで、とにかく少しでも返していくより手がないと、ほとんど投げ遣りな生き方になっている人だ。

人間は不思議なもので、一方では意固地に誇りを守ろうとするが、他方では、その誇りを簡単に捨てられる。あまりに負債の部分だけが増えていくと（その結果、資産とのバランスが崩れすぎると）私たちはその誇りというものを捨てることで、「負債」をチャラにして

■ 第3章「助けられ」の心理

しまおうと考える。

「表」の運用のし方にだいぶ個人差が

　だれにもある「貸借対照表」。この運用のし方にだいぶ個人差があるらしい。
　①負債を増やすことに妙に神経質な人。借金だけは絶対にしたがらない人。②両者を均衡させていないと気になる。均衡させること自体にしか関心のない人。③資産を増やすことだけに関心があり、負債をすることを嫌がる人。④負債が増えることにもそんなにこだわらず、それを資産を増やすことでそれなりに均衡を保たせている人。⑤負債ばかりが増えているのに、それにまったく鈍感になっていて、資産を増やそうという気もなくなっている人。⑥負債を増やすことも嫌いだし、資産を増やすことも嫌う。両者をいつもゼロの状態に置いておきたい人。

助けられ上手と助け上手の両刀遣いがいい

　①のような人は、助けられ下手さん、というよりは「助けられ」を絶対に嫌うから自分が困った時に本当に困ったことになる。
　②はバランスシートに過敏すぎる人だ。均衡することに敏感であるのはいいが、それも過剰だと困る。適当にバランスが崩れても、ある意味で泰然自若としているのも生きる知恵のひとつかもしれない。
　③がボランティア三昧の人たち。この人たちの欠点は、負債の部分を増やす気がまったくないということである。資産ばかりが増えていくのだから、いかにもいいように見えるが、現実にはそうはいかない。負債をしたことがないために、またはその体験がないために、老後に否応なく負債が増えたときに、心に激震が訪れる。負債をしなければならないのに、それができないという困った事態も起

きかねない。

　だからこの人たちには、いかに上手に負債体験をしてもらうかということだろう。最近流行のエコマネーでも、こういう人がいるから、流通がストップしてしまう。負債を増やす一方の人と、資産を増やす一方の人がそれぞれの行為を積み上げるうちに、必ず限界が訪れる。前者は貯えがなくなり、後者は「長者」になるだけで、その使い道を知らない。

　④が、助けられ上手でも助け上手でもある人だ。こうなると、いかに負債を増やさないかというよりも、両者を豊かに増やしながら、それでも上手に均衡を保たせようとする、そんなダイナミックな心と行動の軌跡が、「豊かに生きる」ということなのかもしれないと思う。

　⑤は福祉サービスを受け慣れてきた人に見受けられる。「助けられ慣れ」もまた困った事態のひとつではある。ただ、こういう人だって、初めからそうなったのではない。初めは負債が日々増えることに心の危機を感じたはずなのに、その人に資産を増やす方法を教えないために、また本人もその（資産を増やす）努力がなかなか実を結ばないままに、結局は、一方的に負債が増えることに対して、いわば自己防衛のメカニズムが働いて、ひたすら鈍感になろうと努力した結果かもしれないのだ。

　⑥が一般住民の態度。縮小均衡は必ずしも健全な状態とは言えないのだ。

寝たきり老人にこそボランティアの機会を

　福祉の対象者がイキイキとこの貸借対照表をバランスよく維持しようと考えている間はその人の人間としての尊厳は守られているということかもしれない。その人にあまりに一方的にサービスを提供

■　第3章「助けられ」の心理

することで、負債だけを異常に膨らまさせてしまうことで本人は急遽、誇りを捨ててしまおうとする。サービスは提供したが、肝心の人間としての尊厳は捨てさせてしまったということになるのだ。

　どうすればいいのか。簡単だ。その人に資産を増やす機会を提供することである。ボランティアチャンスを提供するのだ。「私だって、人様のお役に立っている」と思えれば、(最底辺まで落ち込んでいた)誇りはグンとアップする。

　理屈からいえば、負債のたまった人ほど、つまり要介護度の高い人ほどボランティア活動のチャンスをもらえる仕組みにしなければならないことになる。だから、よく言うのだ。「元気なうちはまだ(ボランティアは)いいでしょう(やってもいい)。(体が)弱ってきたら、そろそろボランティア。寝たきりになったら、本格的にボランティア。ボケたら、絶対にボランティア。死ぬ前は、何が何でもボランティア」！　寝たきりボランティアやボケ・ボランティアが全国にいくらでもいる。だって彼等は(崩された)バランスシートに均衡を取り戻させるべく、必死になってボランティアチャンスを探しているのだから。福祉サービスをする人はこのことを頭に入れて、寝たきりの人にサービスをするときは、当人にもできるボランティアチャンスをなんとしても提供するように心がけなければならないのだ。

2. 助けを求めるのは とてつもなく敷居が高い

――「私が見込んだ人ならいい」？

ニーズは来るはずという錯覚

　意外なことであるが、助けを求めるのには、「清水の舞台から飛び降りる」ぐらいの覚悟と勇気が要る。福祉という営みは、どっちみち、する側にもされる側にも、それなりの「勇気」が求められる。考えてみれば当たり前であって、福祉とは私たちの困り事を人々の助けを得て解決していく営みで、それはだれでも、できれば関わりたくないし、そんな（助けられる）立場になりたくないことである。「そんなことはわかっている」と言われるかもしれないが、実際の福祉活動や事業の現場では、必ずしもそのことが徹底されているわけではない。福祉関係者がいつも困っていることは、住民からニーズがやってこないということであろう。ようやく近づいて来る頃には、問題は修復できないほどに深刻になっている場合が多い。そこで「どうして、こうなる前に来なかったの？」などと相手をなじる。なじっているワーカーの頭の中では、自分がニーズを抱えていれば、その問題を解決すべく、すぐさま福祉機関にやって来るはずだと思い込んでいる。

　では、あなたの家族に例えば介護の問題が生じたとする。そのときすぐさま「じゃあ、ちょっと在宅介護支援センターへ行ってこようか」などと考えつくであろうか。それができる人は、よほどの福祉のプロであろう。いや、現実には福祉のプロでさえも、自分の家族にその問題が生じたときに、在宅介護支援センターへ直行しよう

とする人はほとんどいないと言っていい。

　福祉機関へ出向くというのは、じつに「敷居が高い」のだということを、お互いしっかり肝に銘じておく必要がある。そのことが頭に入っていれば、「申請主義」などとうそぶいて、福祉センターの机にふんぞり返っているだけではニーズはやって来ないだろうということがわかるはずなのだ。

　介護保険制度が施行されてだいぶたつが、最近になってようやく住民の関心も深まってきた。いよいよこれから開始しようというとき、住民がいかにこの制度を知らないかがわかってきて、急遽、地区ごとに説明会を開いたものである。しかしそれでも「介護保険なんて、さっぱりわからない」という人が、高齢者にも少なくなく、そこで千葉県松戸市では、高齢者のいる全家庭に説明ボランティアを派遣した。そのために500人のボランティアを養成した。それを他の自治体もまねた。本当に制度を徹底させようと思ったら、情報提供の「出前」をやらざるをえなかった。そんなものではないか。

極超短波なら発信していた！

　人が他者に助けを求めるということは、その人にとってみれば、最もやりたくないことの一つである。それを、勇気を奮い起こして実行しようというのだから、受ける側もそのことをよく承知しておく必要がある。当然のことながら、困り事を打ち明けやすい環境を作ってあげるのは、初歩の初歩である。

　私はあのロッキード裁判で有名な堀田元検事（さわやか福祉財団の理事長）の依頼で、「助けてと言えない対策委員会」を開催、一年をかけて研究し、その成果をこのたび「助けて、って言えますか？」というタイトルの冊子にまとめた。まさに本テーマを扱ったものである。研究の中でいろいろわかってきたことがある。いちばんおも

しろかったのは、福祉問題を抱えた人は、なかなかそのニーズを発信しない、と考えられてきたが、じつはどの当事者も、その人なりにニーズを発信しているのだということに気づいたことである。

　ただ、その発信が極超短波なので、普通の波長だけを拾っていたのでは聞き取れない。しかも、発信する領域が限られてもいる。ということは、その波長が聞き取れる範囲や地点にまでこちらが出向かなければならないということだ。またその波長には独特の指向性があって、その方向にアンテナを向けなければ聞き取れない。まことにやっかいではある。たしかにやっかいではあるが、そうすればニーズは必ず聞き取れる、というのも事実なのだ。それをする以外にない。

「自身番」を巡回する定回り同心

　発信する範囲が限られているということであるが、私の町で実際に体験したことを述べてみよう。福祉のまちづくりといっても、住民だってそれなりの福祉的な営みはやっているはずだという見込みをもって、町を歩いてみた。すると、地区ごとにその地区内の困り事を掘り起こし、巧みにそれに関わっている世話焼きさんが必ずいることに気づいた。

　長野県茅野市で、その世話焼きさんがどれぐらい分布しているのかを調べたことがある。といっても、このままストレートには聞けない。「あなたの足元で困った人がいたら、あなたはどうしますか？」という質問で、①積極的にかかわる、②頼まれたらかかわる、③ことわる、④わからない、の４つの選択肢を設けた。世話焼きさんはこの中の①の中に含まれているはずだが、これが15％と出た。地域の７～８人に一人ということか。

　驚くべきことだが、その世話焼きさん宅にうかがって、２時間ほ

■ 第3章「助けられ」の心理

どおしゃべりをしていると、その周辺の福祉ニーズがほとんど全部（！）出てくる。そういう世話焼きさんの資質の一つは「ニーズが見える」ことである。しかも、そのニーズに巧みに関わるものだから、住民も「この人なら打ち明けてもいいかな」と思い、いもづる式にやってくる。それに気づいて関わるからそれに誘われてまたまたニーズがやってくるという循環になっている。この芸当は、いくらヘルパーの資格をとってもできない。福祉の大学を出ても、できない人はできない。生まれ持ってのセンスなのだ。

　私が伺ったら、たくさんの地元のニーズを披露してくれた。では、その世話焼きさんに定期的に福祉センターに出向いてもらって、「最近はこんなニーズが出ましたよ」などと報告してもらえばいいではないか、と思われるかもしれない。しかしこれはおそらくうまくいかないだろう。

　だいいち彼女（世話焼きさんの大部分は女性）は、福祉センターなんかには行きたがらないだろうし、また行っても、関係者の都合のよいようにはしゃべるまい。私が彼女の家に出向いて、井戸端会議に参加したからこそ、聞けたことなのだ。その井戸端会議でも、彼女が「これは地域ニーズだよ」などとことわりながらしゃべっているわけではない。私が気を効かせて「おしゃべり」の中から「これはニーズだな」と察知する以外にないのだ。そこで、やるべきことは一つ、私たち関係者がそうした、地域のニーズが近づいてくる世話焼きさん宅を定期的に訪問して、そこで随時に開かれている井戸端会議に参加することである。

　先日、藤沢周平の小説を読んでいたら、定回り同心という人物が登場していた。彼の役目は、毎日、縄張り内の「自身番小屋」を巡回することである。それぞれの番小屋でどんな問題が地域からやってきているのかを確認する。なるほどと感心させられた。そうやっ

て地域の福祉ニーズを拾い歩いているのだった。これを再び復活させればいい。

こう考えていくと「申請主義」とは、いかにも人間論が欠けたところから生まれた発想だと納得できるはずである。理屈はそうなのだろうが、現実の人間はそうはいかない。当事者が発信した場や方向（それを探し出すのがニーズ発掘の出発点）にこちらが出向いて、そこで井戸端会議の中でチラッと小出しにされるニーズを丁寧に拾い集めるという、面倒な作業が求められているのだ。

「今日ももう二人、来たよ」

では、実際にニーズが近づいてきている世話焼きさんは、そのニーズにどういう対応をしているのか、そのやり方を分析すれば、なるほどこういう対応をすれば、ニーズは近づいてくるというノウハウが得られるかもしれない。

長野県駒ケ根市に通って、社会福祉協議会と一緒に、そうした世話焼きさんを掘り起こし、どういう人がやってきて、それにどういう対応をしているのか、その人はその地区の福祉にどんな役割を果たしているのかなどを分析する作業を続けている。

最近発掘した一人を紹介しよう。Nさん（69）。洋服の仕立て業をしている彼のもとにも、日々悩みを抱えた人がやってくる。店頭に「心配事相談所」などと書いてあるわけでもないのに、なぜこうも悩みを抱えた人がNさん宅を訪れるのか。私どもが昼頃取材のために伺った時、「今日ももう二人、来たよ」と言っていたから、本格的な心配事相談所、いやそれ以上といってもいい。

正直に言って、Nさんの風貌を見ただけでは、この人が「駆け込み寺」のあるじとはとても思えない。しかし、なにかがあるのだろう。彼が私たち（特に悩める人）を魅惑するものは一体何なのか？

■ 第3章「助けられ」の心理

「必ず受けとめる」のが彼の基本姿勢の一つであるらしい。例えば誰かが店にやってきた。そのとき不審な目をすると、こちらの心の内がたちまち見破られる、という。二回三回とやってきた人にこちらが「またか」という思いがあると、すぐに悟られ、もうやって来なくなるのだと。「人はみんな、バカじゃありませんよ」。

彼も、若い頃、悩み事があって、どうしても自分では解決できず、これはと見込んだ人のもとに行ったら「お茶らかされた」。このことが今でも頭にあると言う。必死の思いで行ったのにお茶らかされた…ショックだったことだろう。だから彼のところにきた人は絶対に受けとめるようにしているのだ。「正直なところ、仕事中に来られて、迷惑なという思いもありませんか」と聞くと「そりゃあ、そう思うときもありますよ。しかし、その人はこの私を見込んだんだからね」。絶対に逃げるわけにはいかないというわけだ。

世間話の中にチラッと混ぜる

「相手次第」の姿勢を彼は大事にする。そんなことは当たり前ではないかと言われるだろうが、彼の場合は、その姿勢で関わりの全体が貫かれているのだ。例えば、相手が悩みを言い出すまで、粘り強く待つ。初対面ではまだ言わない。「言える環境をつくってあげる」という言い方も彼はしていた。とにかく何度か訪ねてきて「世間話の中にチラッと混ぜる。それを察して、こちらもチラッと応じる」。この呼吸である。相手はたしかに悩みを言いたいのだが、正面きっては言いたくない。そのあたりの心を見抜いての対応だろう。

相手がこちらにどんなアドバイスをしてほしいのかを読む、とも言っていた。だいたい悩みを持ってくるときは、すでに本人の心の中では、ある種の結論が出ているのだが、これを自分に言い聞かせて、実行させる勇気が欠けているということらしい。だから彼はそ

の願いを察して、それをスパッと言ってあげる。「思い切って倒して（倒産して）しまいな！」、ドンと背中をたたくのが彼の役目というわけだ。

　彼のアドバイスの仕方はだいぶストレートであるようだ。相談に乗ってあげる気は私たちの誰にもあるのだろうが、しかし、いざ相手にズバリと言い切るのには勇気が要るはずだ。それをやれるところに、彼が信頼され頼られる大きな理由があるのかもしれない。「スパッと」言えば、場合によっては、相手に恨まれる場合も少なくない。現に「十年間ばかり恨まれた」ケースもあると打ち明けている。それでも、そうアドバイスすることが長い目で見たら結局は相手のためになると信じられるからこそなのだ。

　私どもが取材に伺ったとき「このあとパソコン教室に行かねばならない」と彼は言う。へえ、この年でパソコン教室とは…と感心していたら、そうではなくて、生きがい喪失状態に陥ってたびたび来店するシニア男性（その日も来た！）のために、彼も「つきあう」というのだ。それも、店を閉めて！

　いつか、相手を「夜逃げ」させたときは、旅費を工面してあげ、またまた店を放ったらかしにして、夜逃げ先まで出向いて、食べ物から家具のことまで世話をしたそうである。こういう「行動的な姿勢」は、なんとなく周りに伝わっていくものなのだろう。そしてますます「あの人なら、なんとか骨を折ってくれる」と信頼されるのかもしれない。しかも「いつか、なんとかしてあげよう」ではなくて、「今日、今」なのだ。

　彼の所にいろいろ悩みを抱えた人が来ているのを、まわりの人たちはなんとなく見ているらしい。そのうちに、「俺も行ってみるか」と勇気を奮い起こして、店のドアを開ける。それを見ていて、また他の人が、「俺も…」という具合である。ニーズを打ち明けるという、

■ 第3章「助けられ」の心理

人間としての最難事をできるかぎり抵抗なくできる方法をだれもが探し回っている。だから、その人たちの心の中がきちんと読める人のところに、いもづる式に近づいてくるというのは、いかにも自然な成り行きなのだ。

3. 対象者は個人的おつきあいを望んでいる

――それでは「やった」気がしない？

ボランティア宅に電話してくる不心得者？

　先日、埼玉県のある町のボランティア・リーダーたちと懇談する機会があった。そこでこんな質問が出された。

　例えば電話での友愛訪問。決まった時間帯に一人暮らし老人宅に電話を入れる活動なのだが、なかには、決められていない時間帯に勝手に電話してくる老人がいる。ボランティアの自宅の電話番号を調べて、自宅にもかけてくる。「困ったものだ」と。「どうも彼らは、私たちと『個人的なおつきあい』を求めているようだ」と、だれかが発言した。それをこそボランティアたちは「不心得」と見ている。当事者がボランティアに提起している（と思われる）問題のポイントは、二つあるようだ。まず一つは、活動はなるべく「個人的」な次元で解決するようにしてもらいたいということ。もう一つは、両者の関係を「サービスの一方的授受」ではなく、単なる「おつきあい」にしてほしいということ。

　個人的な営みにしてくれだと？　とんでもない。私たちの活動の特徴は「社会的」な営みであるところにある。だからわざわざ福祉センターに出向いて、組織を作り、時間を決めて電話をしているではないか。一人一人が「個人的な営み」だといって、勝手に自分の気に入ったボランティアの自宅に電話してくれば、収拾がつかなくなるではないかというわけだ。「だいいちそれでは、組織が崩れてし

まう」とボランティアの一人が付け加えた。

「自宅前にリフトカーを横付けしないで！」

　私は尋ねてみた。「それではみなさんは、そういう個人的な関わりへの要望にどう応えているんですか？」。「ボランティアとしての組織活動とは別に、あくまで個人としてかかわっています」と言う人が数名いた。まさに「おつきあい」としてだ。

　私はさらに突っ込んでみた。「それでは、組織は崩れてはいけませんかね？」。みんな黙っている。一人の男性が私に呼応した。「もともとボランティアなんて、各自で自由にやればいいもんで、組織も所詮はそういう個人のゆるやかな集合体にすぎないじゃないんですか？」。崩れて何が悪いか、というのだ。

　そんな議論の中から、私には大方のボランティアたちの「気持ち」というか、取り組みの姿勢みたいなものが見えてきた。…ボランティア活動というものは、一定の目的を持って組織を作り、活動の枠を決め、対象者を絞り、その枠の中で自身、「機能に化す」、悪く言えば、「歯車のひとつになり切る」、つまり「兵隊」だ。それが「社会活動」なのだと思っている。だから対象者も「対象者」という「機能に化し」て、決められた枠の中で素直に私たちのサービスを受ければいいのだと。

　そのときもう一つの「問題」が出された。ある対象者が自宅の前にリフトカーを横付けするのはやめてほしいというのだそうな。理由は説明しなくても読者もおわかりだろう。

　ではみなさんはどう思うのかと、居並ぶリーダーたちに質問してみた。これも、大方は「そんなぜいたくなことを言っている場合ではないでしょ！」というものだ。「福祉サービスを受けているんだから、そういうあり方に慣れるべきなのよ」と強い調子で言う人もいた。

先ほどの論理でいくと、これは「社会的な」サービスなんだから、それを受ける側も「社会的な」自覚をもって対処すべきだ。「リフトカーが自宅前に横付けされたら恥ずかしいとか、みっともない」なんて次元は早く卒業すべきだ、ということになる。

「救急車のピーポーはやめて！」

　私は彼女等に一つ聞きたくなった。「みなさんはボランティアなどのサービスを受けた体験がありますか？」。「ある」という人は一人もいなかった。誰かが笑っていた。「私たちがサービスを受ける側になるなんてありえないじゃないか」と言っている顔である。なるほど、と私は一人納得した気分だ。ちなみにこういう質問をぶつけてみた。「みなさんの中で、救急車の出動をお願いしたことのある人は？」。かなりの人が手を挙げた。ではそのとき、せめて自宅近くではあの「ピーポー」を消してほしいとは思わなかったのか。半分半分、と出た。

　サービスを受ける身でも、それなりに「機能に化し」て、恥ずかしいなんてぜいたくは自分も言わない、と頑張っている人もたしかに半分いたが、そうでない人も半分はいたわけだ。「先日、消防署の関係者から話を聞く機会があったが、彼らも対象者の自宅近くなったら（およそ百メートル程度）、なるべく音は消すようにしているらしい」と誰かが、新情報を提示した。そこでこの「ピーポー」の話は、ひとくぎりがついた感じであった。私はつくづく思ったものだ。今のボランティアの最大の問題点はもしかしたら、ボランティア自身人に助けてもらう機会がない（なかった）ということかもしれない、と。

　ここで出されている問題はなかなか重要である。「福祉」という営みを「社会的」なものにするのがいいのか、そうではなくて、なる

■ 第3章「助けられ」の心理

べく日常の個人的な営みの中に隠してしまうべきで、あまり表に出すものではない（つまり福祉は隠し味にすべき）のか。福祉関係者は大部分、前者の考えが当たり前と言うだろう。一方、住民の方は圧倒的に後者をとるだろう。それだけの差がある。

個人的活動なら「活動」の意識がない

　先ほどの議論でも、ボランティアたちは、個人的なおつきあいを求めている対象者にはこちらも個人的に対応していたが、ボランティア本人は、その部分は「活動」と自覚していない、という点に注目されたい。

　私の妻が日本語ボランティアのグループに所属している。彼女等の活動日は金曜の夜7時で、毎週この日この時間になると公民館に出掛けていく。それを彼女は「活動」と思っている。ところがその後、対象者たるブラジルやタイ、台湾、韓国などの人との個人的な交際が始まった。わが家に来たり、こっちが相手の家を訪問したり。その間には、交通事故を起こして警察に行くのだが、通訳として一緒に行ってくれ、といった要望もあり、それに気軽に応じている。他方で、旅行に行ったブラジルの人からお土産をいただいたりといったこともある。わが娘も台湾の子などと一緒にカラオケやデパートにショッピングなどに出掛けている。

　繰り返すが、それらはすべて個人的なおつきあいに属する。だからカミさんも「活動」をしたとは思っていないし相手も「された」とは思っていないだろう。しかし彼らにすれば、こっち（個人的おつきあい）の方がよっぽど有難いと思っているのではなかろうか。

有償のシステムが崩される？

　最近、在宅老人などに有償で家事や介護のサービスを提供するグ

ループが、あちこちに生まれ出ている。介護保険で「自立」と判定された人たちの貴重な受け皿になっている。ここでも、同じようにこの「個人的おつきあい」の問題が生じている。特定の要援護者の家庭に、特定のメンバーが出向いている間に、「相性」も合ったりしていつか「有償活動」としての担い手と受け手という関係から抜け出て、「個人的なおつきあい」に発展していくケースも少なくないのだ。

　そこでは、もうただの一人の人間対人間の関係になってしまっている。これをグループとしてはどう対処すればいいのか、なかなかむずかしい問題になっていく。それを許しておけば、有償としての活動そのものが崩れてしまう。有償にしたり、無償にしたりと、個々人で勝手に判断しながら活動していくと、完全にグループ活動は崩壊してしまう。それを恐れるリーダーは、利用者と「個人的なおつきあい」の関係にはならないようにと、釘をさすわけだ。

　ではこのシステムを守っていくことに、どれほどの意味があるのかと問うと、それもまたすこぶるあいまいだ。それよりは、そうやって個人的なおつきあいになって、活動自体が消えていけば、それこそが望むあり方ではないかという考え方も、一方では成り立つ。

サービスの匂いを消した商売

　一つ言えることは、当事者の立場からすれば、間違いなく「個人的なおつきあい」を求めており、どんなかたちでもいいから、福祉サービスをそういうあり方に変えていってほしいと願っているのだ。

　「レンタル家族」という商売が流行ったことがある。老人などの要望に従って、ウソの家族をレンタルいたしますというものだ。たとえば「ワシとばあさんだけの生活はいかにも淋しい。かといって、近くに住んでいるヨメは怖い。ウソのヨメでいいからやさしい人を

寄越してほしい」といった要望に応じる。

　彼らは依頼主の要望に従って、スタッフの中から適当な人を選び出し、徹底的にリハーサルを繰り返す。たまたまNHKテレビを見ていたら、息子さん役は、老人の要望どおりに、絣（かすり）の着物を着こなし、「おやじ、来たぜ」なんて言いながらやってくる。老人の方も演技をしている。「おお孫よ、しばらくみないうちに大きくなったな」なんて、本当に驚いたふりをしている。孫役のほうも「おじいちゃん！」と、老人のフトコロに飛び込んでいく。

　3時間ほど四方山話をしてから「そろそろ引き上げっか」と腰を上げる。驚いたことに、老人は眼鏡をはずして、涙を拭きはじめた。文字通り「泣かせるサービス」なのである。これでなんと１５万円。NHKが「この額をどう思いますか？」と聞くと「安いもんよ。これからもちょいちょい来てくれや」。安いというよりは、有難い、つまり値段相応のサービスが行われたと評価しているのだ。

　いったい彼らのやり方の何が喜ばれているのか。つまり（ウソではあるが、ともかくも老人の）家族になりきっている点だろう。社会サービスどころか、完全に個人的な交流にまで磨き上げられたことが、老人に評価されているのだ。サービスの匂いがしない、ということでもある。

私的な営みと公共的な事業はファジー

　この「個人的」という言葉で、考えさせられることがある。千葉市では、まわりにいる高齢者を日常的に受け入れて、サロンを主宰している人（大部分は高齢者、しかも一人暮らしの高齢者）に対して、毎月４万円を支給している。年間にすると48万円になる。

　こういう補助方式がいいのではと、自治体の関係者に勧めたら、その一人からこんな疑問が出された。「それらは、要するに個人的な

活動でしょ。それぞれが自分の相性の合った家に出向いて、おしゃべりをしている。これはどう考えても社会的な（または公共的な）営みとは言い難い。それに公的な資金を注ぎ込むのはおかしいのではないか」と。

　なるほどと私も、その論理に感心した。しかし私はこう言って反論した。「たしかにそのとおりで、それぞれのサロンは、公共的な活動をしているという自覚はないでしょう。つまり個人的、私的な集まりだ。しかし、ものは考えようで、それらの私的なサロンが50軒集まれば、実質的には公共的な老人憩いの家だとも言えないでしょうか。私的な営みもそれを総合すると公共的な事業になる、というのは奇弁でしょうか？」

　その人は、これで納得してくれた。個人的な営みと公共的な営みの間は、そんなに厳密に区分けできるものではないのだ。

■ 第3章 「助けられ」の心理

4. 対象者ほど担い手の立場になりたがっている

――痴呆や寝たきりの人ほどボランティアに？

施設入所者が「俺にも挨拶をさせろ！」

　私が以前勤めていた重度障害者の施設でのこと。私たち職員はときどき入所者を別の福祉施設に連れていく。同じ障害のある人とふれあえば、いろいろな面でいいことが起きてくるのではといった淡い期待で、あるとき同じ県内にあるO園に、かなり重度の知的障害者を数名連れていった。

　そちらの施設の入所者が集まった場で、まず私があいさつをし、さてこれから一緒にゲームかなにかをしようというそのとき、私どもの施設から連れていった知的障害者たちが自分にもあいさつをさせろと意思表示しはじめた。私は、正直のところ驚いた。彼らはいつも、わけのわからないことをしゃべっているので、まさか人前であいさつなんぞできまいと、私はたかをくくっていたのだ。

　その彼らが一斉に、あいさつをさせろという。私の制止を振り切るようにして、まず一人がマイクの前に立ち、居並ぶ知的障害者たちに向かって、なにやらしゃべり始めた。しゃべるというよりは、がなりたてるといったほうがいい。それも、予想どおり「わけのわからないこと」をである。一人が「がなり」終えると、次の一人がといったふうに、次々と…。

　私はその「がなり」を聞いていて、当惑するどころか、感動で胸がいっぱいになった。私の処遇のあり方は基本的に間違っていたと、

そのときはっきりわかったのである。ふだん私たち施設職員は人間を大事にする見本を社会に対して見せているのだといった自負を持っていたが、なんのことはない、その反対の実践をしていたわけだ。知的障害者をバカにするなといった顔をしながら、事実はそれをこそやっていた！

いくら「わけのわかる」（？）言葉がしゃべれなくても、お客さんとして出向いた先では、あいさつのひとつもしたい。これが人間としての当然の主張だ。その主張を私という職員の制止を振り切ってまで実践したのである。どんな人間でも、バカにしたものではない。そのときほど、この当たり前の事実が身に染みたことはない。あの情景を思い出すたびに、なんとも気持ちのよい「反省」をさせられるのだ。

要支援の痴呆老人をスタッフに登用

日本経済新聞夕刊に「『要支援』救済の妙手」というタイトルのおもしろい記事が載っていた。愛知県高浜市が運営する民家改造型のグループホーム『あ・うん』の採用した、その妙手とは？

利用者5人のうち、2年前の開始時から暮らしている女性（78）が要支援の判定を受けた。特別養護老人ホームなら5年間の経過措置があるが、グループホームには適用されない。しかし、本人は独り身で、既に自宅を引き払ってしまっている。それに痴呆症の老人には、転居はできるだけ避け、なじみの場所での生活の継続が望ましいといわれる。

そこで担当者が考えついたのが、「この女性をスタッフの一員に加えてしまえ！」だ。これならそのまま住み続けることができる。「もともと率先して買物に行くなどリーダー的な存在の人なので、十分スタッフ活動ができそう」（同紙）だと。まさに「あっと驚く妙案」

■ 第3章「助けられ」の心理

であるが、言い換えれば「コロンブスの卵」だ。なにも「リーダー的な存在」などと言い訳をする必要もない。痴呆の人の相手には痴呆の人が向いているのではと、専門家も認めるようになっている。痴呆であるだけでスタッフの資格は十分だ、とさえ言える。

　要支援ないし自立と判定されたら、さっさとスタッフ扱いしてしまえばいい、などと言うと、専門家に「そんなに簡単にいかないよ」とたしなめられそうであるが。

　大分県の痴呆老人ホーム「任運荘」の実践は、もっとおもしろい。園長の「在宅（痴呆老人向けの）訪問活動をせよ」という指示で、たまたま先頭を切って始めた寮母が、「気晴らしになるかも」と入所老人を同道したところ、驚くべき効能があることが判明した。いちばん痴呆のひどい女性を連れていったら、なんと、相手の悩みを受けとめ、なぐさめ、そのうえに本人の症状も幾分改善した。

　それならと以降、在宅訪問するたびに入所老人を同道する試みが、その後10年も続いた。

　先陣を切った寮母に、連れていく老人をどうやって選び出すのかと聞くと、その日いちばん痴呆のひどい人を選りすぐるのだと言うので、感心させられた記憶がある。それだけその人への効き目がよいからだと言う。

「どの立場か自分で決めろ」と利用者に

　施設などの福祉サービスの現場では、担い手と受け手は、だれにも弁別できるほどに明確に区分できる—というのは正しくないのかもしれない。両者は紙一重。いやいつでも容易に逆転可能だとさえ言えるのかもしれない。症状のより重い人が在宅訪問の担い手になるというところを見ると、そうとも考えられるではないか。

　かつて神戸市にある「駒どりの家」という宅老所を訪れたときの

ことが忘れられない。部屋に入ると、あちこちに散らばっていて、思い思いの格好で、思い思いのことをやっている。

　この中の誰が施設長かわからない。当てずっぽうに、いちばん奥で、片膝を立ててふんぞり返っている（ように見えた）男性に、おずおずと尋ねてみたら、「園長はあっちの方だ」と別の男性を指差した。めざす園長らしき人に「この部屋のどなたとどなたが利用者ですか？」と聞くと、「それは各自、自分で決めてもらう」とヘンな言い方をする。各自が「今日はお世話になる方にしよう」「今日はボランティアの立場で来た」と判断するのだという。

　ここまでくると、担い手や受け手といった区分け法そのもの－その発想自体が崩れてしまう。本来は受け手の人が、他の人を世話する側に立って行動することが当人の「治療」にベストだとなれば、むしろ担い手と受け手の立場を意図的に逆転させることに、福祉（医療）サービスの最大のポイントがある、とさえ言えるのだ。

「ボランティアの制服着るとカゼ引かない」

　先日、長野県の武石村に招かれた。ここでデイサービスに協力しているボランティアグループ「いずみ会」が社会福祉協議会に働き掛けてボランティア講座を実施したのだ。当日、会場の福祉センターに到着すると、「いずみ会」の面々が私を出迎えてくれた。同じ浅黄色の制服を着て、ずらり並んだ彼女等をいちべつして驚いた。多くが腰が曲がっている高齢者だ。平均年令を尋ねたら、７４歳だという。

　それでは、利用者の方は？　ほぼ同年令だという。ということは、担い手と受け手を識別する唯一の方法が、制服を着ているかいないか、だけとなる。それなら、面倒だから、制服なんかやめて、担い手と受け手の区別もやめてしまえばいいとも考えられるが、おもし

ろいことに、「制服を着ている」つまり私はボランティアをする側である（担い手の側である）という意識が彼女等を驚くほど元気にさせていることがわかった。「この制服を着ていると、カゼひとつひかないよ」と一人が言っていた。やることも肉体を使う仕事はもう駄目で、話し相手あたりがメインの役割であるらしい。

　制服を着ることが当人をそんなに元気にさせるのなら、利用者の方にも着せてあげたらどうか、と言ったら、たしかに「その制服をわしにも着せてくれ」と頼み込む痴呆の人もいると。そう言った女性は（木原の提案に反応して）今度そう頼まれたら、着せてあげようと思うと私に言いだした。

　こう書いている私も頭の中が混乱してきた。利用者がいるから、制服組は元気を保っているとも考えられる。となると、利用者こそが制服組にボランティアをしているとも見えるではないか。先ほどの「駒どりの家」の園長の言い方はまったく当を得ているとも言える。「どちらの役割を担うかは当人に決めてもらうことにしている」。そこで皆、その日その日で自分の役割を利用者ともボランティアともなり代わっているわけだ。

　リーダーの島田登美さんは今、84歳。彼女より10歳も若い利用者が、甘えの姿勢でいると「私より若いクセに！」とどやしつける。効き目は抜群だそうだ。狭心症の持病もあって、やっとの思いで（活動場所の）福祉センターへやってくる（車の迎えがある）。彼女は言った。「（車の）迎えがなければあたしゃとうの昔に生きちゃいないよ」。つまり、活動だけが彼女を生かしめている！

　壮絶としか言いようがないが、言い換えればボランティア活動（つまり担い手の立場にあるということ）の「治療」効果の素晴らしさを彼女は、身をもって立証してくれている。

アル中の人が仲間に「キミはやめろ！」

　先日、ＮＨＫテレビを見ていたら、旭川市のラーメン屋を取り上げていた。二階建てになっていて、一階はごく普通のラーメン屋で問題は二階。ここに30人の下宿人を預かっていた。それも全員がアルコール依存症。二階への上り口の大きな板に「断酒道場」と書いてある。

　毎月一回、例会が開かれている。そこでラーメン屋の主人が挨拶している。「今月こそ絶対に（酒を）やめましょう。ゼッタイね！頼む！」なんて言いつつ、頭を深々と下げている。それでもなかなかやめられないらしく、朝、一階へ下りてこない一人の部屋に行くと、まだ寝ている。まわりに酒ビンがゴロゴロしている。「また戻さなくては駄目か」などとグチリながら病院に電話をしている。

　それにしても、なぜこんなしんどい活動をする気になったのか。ＮＨＫの取材スタッフがマイクを向けると開口一番、こう言い放ったのである。「オレもアル中よ」。奥さんに聞くと、アルコールが切れると凄まじい症状を示すらしく、彼女は恐くてほとんど終日、町をほっつき歩いていたという。

　そこで彼も考えた。どうしたら酒を飲まずにすむか。「そうか、他の連中に『酒を飲むな！』と言える立場になれば…」というわけだ。「この活動をやめると、また飲むよ」とオソロシイことを言っていた。日本人、特にボランティア推進者はこんな奇妙なあり方を認めたがらないが、しかし人間というのはこうしたくてたまらないのだ。自分が福祉の対象者に陥ったとき、いちばんなりたがっているのは担い手の立場、つまり人を助ける側である。

　こんな新聞記事もあった。ある男性が「どうしても酒がやめられない」。そこでアルコール依存症の会を作った。それでもまだやめら

■ 第3章「助けられ」の心理

れない。仕方がないから、自分が（酒を）やめられないことは脇へ置いておいて、「当分は新人の教育にあたることにした」。

　考えてみれば、なんとも奇妙な光景ではある。「キミ、酒はやめたまえ」と言われた方はこう反論するだろう。「先輩だって飲んでるじゃないですか」。それでも「それはそれとして、おまえはやめろ」なんて、本当に説得力があるのかいなと疑われるが、驚くべきことにその先輩、「２、３年こんなことをしていて、振り返ったら、自分もやめていた」と。

　こういう場合に「自分の頭のハエも追えないくせに」と言われるのだが、真実は反対だった。「自分の頭のハエが追えないときは、そのハエはちょっと脇に置いて、当分は他人の（頭の）ハエを追えばいい。それをやっていれば、いつかは自分の方のハエもいなくなる」と。

5. 老人はなぜ 「ありがとう」を言わないのか

——福祉は当事者主役の時代へ

「ありがとう」の一言が聞きたくて

　私たちは人を助けるのはいいが、自分が助けられるのはごめんだと思っている。ボランティアにしても、同じように、する側はいいが、される側になるのはイヤだと、誰もが思っている。その背景にあるものの一つに、助けられることによって大事な誇りがつぶされるということがある。

　だから、誰もが「助けて！」と言えるようになるには、とにかく受け手の誇りを守ってくれるようにサービスのあり方を工夫すればいいのだろうが、事態は、その程度の単純さではないらしいのだ。助けられる側の誇りをつぶす要因になっているのは、個々のサービスの組み立て方だけではなく、もっと深く、今の私たちの福祉の考え方そのものであるかもしれない…とも思うのである。そのことに気づかされる事例があったので、まずそれを紹介することから始めよう。

　ある日の新聞に老人保健施設の職員の投書が載っていた、という話を第1章の②で紹介した。概要はこうである。

　……施設ボランティアの中に二人ほど、自宅で介護中の主婦が混じっていた。そちらの方で（気持ちのうえでも）手いっぱいのはずなのに、その合い間にわざわざ施設までやって来てボランティアをするというのは、一体どういうことなのか？　二人に理由を聞いて

■ 第3章「助けられ」の心理

みたら、じつはこういうことであった。

　自宅でいくら介護に精を出しても、当たり前のことと見られる。ところが家でやっているのと同じことを施設に来てやると「ボランティア」と呼ばれ、相手からも「ありがとう！」と言われる。この一言が聞きたくてわざわざ施設まで来ていたのだ。家での介護は、嫁としての当然のつとめ。だからホメられる対象にはならない。ところが施設に来てそれをすれば、「社会的な活動」になる。家での営みは個人的な行為ということになるわけだ。

「介護の社会化」の真意は何だった？

　そこで「介護の社会化」という声が出てきた。「介護の社会化」とは、家での営みを外注化する、外部からサービスを受け入れると解されているが、それ以前に嫁の姑に対する関わりそのものを、「社会的」行為と評価し、嫁自身もそう自覚することだと考えるべきではないのか。

　ところで、私がこの記事を読んで気になったのは、その嫁（か娘）に日々介護されている姑（か舅）のことである。嫁が日々の介護に空しさを覚えて、わざわざ老人保健施設にまで行ってボランティアをしている。その空しさの原因が、姑（または舅）である自分が嫁に「ありがとう」と言わないことにあるとわかっているのだろうか。わかっているかどうかは、本人に聞く以外にないが、私にはその姑の気持ちがわかるような気がするのだ。もちろん「ありがとう」と言う気はないことはないのだろうが、そう言おうという気持ちが沸き起こらない原因に私は関心がある。

　私たちが考える「福祉」とは、困った人を助けることである。主役はあくまで「助ける」側にある。ならばそのサービスの対象になっている人は、一体何者なのか。ただのサービスの「客体」にしか

すぎないのである。「あたしが体をきれいにしてあげるから、おばあちゃんはおとなしく寝ていなさい」。そう、そこでおとなしく寝ていればいいのだ。

「それなら、勝手に（サービスを）なさい。あたしはおとなしく寝ていればいいんだろ」と居直るわけではないが、そんな気持ちにもなりたくなるではないか。少なくとも、今日は嫁にどんなふうに「ありがとう」と言おうかと、それこそ「腕によりをかけて」感謝の表明の仕方を工夫しようといった意欲は湧いてこないはずである。自分はただの物体（というほどではないだろうが）にすぎない、という無力感が、彼女から「ありがとう」の言葉を出させないでいる、などと言ったら、うがちすぎだろうか。

受ける行為だって「福祉活動」だ

こうは考えられないだろうか。姑はたしかにサービスは受けるが、その「受ける」という行為もまた「福祉」という営みの「一翼を担っている」のだと。一方は姑にサービスをする。そして姑はそのサービスを上手に受けようと努力する。この両者の行為の全体が「福祉」という営みなのだと。もしそういう自覚が持てれば、同じお礼を言うにしても、中身がかなり違ってきているはずなのだ。

秋田県のある町を訪れた際、ヘルパーたちと懇談する機会があったのだが、そのとき、彼女たちが競って出向きたがる（要介護の）老人宅があるようだとわかった。普通ならあまり訪れたくない相手なのに、その反対なのだ。理由を尋ねたら、老人の（ヘルパーへの）お礼の言い方が絶妙で、ついついその一言を聞きたくてみんな訪問したがるのだという。

もしかしたらその老人、「昨日はヘルパーにこんなお礼の言い方をしたら、たいそう喜んでいたから、今日来るヘルパーにも言ってあ

げるか」とか、寝床で（お礼の言い方を）「研究」しているのかもしれない。別に、威張っているわけでもない。ヘルパーたちをおちょくっているわけでもない。

「私がヘルパーにお礼を言うのも、立派な福祉活動なのだ」という自覚ができているからだと考えたらどうだろうか。そういう自覚ができたら、お嫁さんにだって、気の効いたお礼の一つでも言ってみるかと考えるはずなのだ。

もし、助けられる側も福祉活動をしているのだとなると、「介護の社会化」という言葉を応用すれば、姑にもこの言葉を適用すべきかもしれない。嫁の課題が「介護の社会化」だとすると、姑の課題は「介護されの社会化」ということになる。嫁に感謝をし、上手に助けられるのも「社会活動」のいっかんなのだと自覚する、ということである。

数十名を上手に使いこなす障害者

福祉サービスを受ける側だって「福祉という営みの一翼を担っている」などと言うと、いかにもこじつけのように聞こえるかもしれない。どちらにしろ「対象者」であることに違いはないではないか、ならばただおとなしくサービスを受けていればいいではないか、と言いたいところだろう。

しかし、現実を見ると必ずしもそうとは言えないのだ。サービスを受ける側だって見方によれば「大事業」と言える。その事例を紹介しよう。

埼玉県某市の、ある脳性マヒの女性の話。両親と三人暮らしで本人は36歳。親はいつまでも自分を保護してくれるわけではない。そろそろ自立しなくてはと、アパートを借りて生きていこうとしたら、それはもともと無理。三十人ぐらいのボランティアの助けが必要だ。

そこで「介助者募集」というチラシを（ワープロで）作って、公園などでまいた。「私を介助してくれる人は○月○日、△△市福祉センターへおいでください」。

当日出向いてみると、願いどおり30人くらいの「その気のある人」が、運よく来ていた。彼等にまず介助の仕方を教える。「着脱編」「外出編」などと、テーマ別に親切に書いてあるチラシを配布し、そして解説。それが終わると、ローテーション表を作成、各人に指示する。「Aさんは○月○日、Bさんは○月○日にお願いしますね」。ごていねいに彼女は機関誌も作って、ボランティアたちに配布していた。

こんなくだりがあった。「早いもので、活動が始まってもう○ヵ月になります。皆さん、だいぶ慣れましたでしょうから、これからは活動が終わったら、あいさつ抜きでサッと帰りましょう」。

これぞ「セルフマネジメント」

彼女のやっていることを何と説明したらいいのだろうか。なんだかプロデューサーまたはディレクターに似ている。自分を上手に助けさせるディレクター。ケアマネジャーという資格の人がいるが、これにならえばセルフケアマネジャー。

欧米では住民資源を活用すればその分、公的機関からちゃんと手当て（その障害者を介助した人に支払われる）が支給されるのだ。障害者たちは介助してくれる人を掘り起こし、面接をし、採用不採用を通知し、教育訓練し、解雇をするまでの技術を仕込まれる。「募集広告の作り方」「面接の仕方」「不採用通知の仕方」といったマニュアルが用意されている。

先ほどの脳性マヒの女性も含めて、障害者たちのセルフマネジメントの一連の行為を思い描いてみるといい。まさに「大事業」と言

ってもいいのではないか。これに比べたら、一人一人のボランティアやヘルパーのやっていることは、極端に言えば端役扱いを受けても不自然ではないほどなのである。

　ＮＰＯによって最近、当事者自身がどのように自分のためのケアプランを作ったらいいのかを伝授するマニュアルが作られた。時代は今、激しく動いている。「当事者主役」となればこうした動きは一気に進むものと考えられる。

両者が協力して「よき福祉」作り

　このように考えてくると、やはり福祉活動というのは、ただサービスを「する」側だけの営みを指すのではなく、「される」側の行為も含めた全体をそう呼ぶべきだと言わねばならない。する側とされる側のいずれもが福祉の主体であって、両者の主体性を持った関わり合いが福祉であり、だから双方とも相手の主体性を尊重しつつ協調して、よき福祉が実現するように努力しなければならないのである。

　寝たきりだといっても、ただ寝ていればいいというわけではないのだ。お礼の言い方にも工夫しなければならないし、また私を助けたいと相手に思わせるような努力も必要である。そのかわり、誰にお願いしたいと主張することもできるし、場合によってはサービスのあり方でこちらの指示に従うよう要求することだってしていいのである。

　一方、ヘルパーやボランティアも、対象者に対して「もっと私が喜んで来たい」と思わせるように努力しなさいよと要求しても、少しも不自然ではないのだ。こうやって初めて「福祉」はおもしろくなっていく。両者のダイナミックな関わり合いには、いろいろなヴァリエーションがあり得るだろうし、そのために関わり合いのテク

ニックのようなものも研究されるようになるかもしれない。両者の微妙な駆け引きも、一つのテクニックに含まれるはずである。

　する側とされる側の、双方の営みと関わり合いの全体が福祉だという発想－これを推し進めていくと、例えば、特定のサービスを考案したり、それを具体的に組み立てたりする場合に、する側だけで勝手にすすめてはいけないということにもなる。担い手側に受け手側が各自の立場からの主張を出し、問題点を指摘した上でベストのサービス技術に仕上げていく、といったプロセスが、これからなされていくのだ。

　たしかに今は、福祉の主導権は担い手が握っている。しかし当事者（受け手）の心の内には「こちらに主導権を取り戻したい」という強い願いが沸々とたぎっているのではないかと思うのだ。

第4章
「当事者」の心理

助けられる側に立つ以前に、私たち自身、福祉問題の当事者になったとき、独特の思考・行動を始める。また当事者同士が出会えば、そこで新たな行動を始める。当事者の自己認識次第で、差別や偏見の問題もクリアできる。当事者を社会がどう見るか、遇するかも、おもしろい視点がある。

1. 施設入所者はなぜ「幸せそう」なのか？

――要求水準の法則

20年も姑に入浴させなかった嫁とは？

　夏の青少年向けの体験学習のいっかんとして老人ホームで二泊三日ほどの実習をするが、そのレポートを読むと、寮母さんへの尊敬の言葉と共に「お年寄りは私が思っていた以上に明るく、幸せそうでした」という個所が出てくる。

　たしかに老人ホームという場所自体を「暗い所」と見ていたから、老人を見てそう思うのも無理はない。人間、誰だって一日中暗い顔なんかしていられないものだ。

　そういえば、アフリカや中東などで、内戦が起きて、それこそ「着の身着のまま」で隣国へ避難してきた家族をテレビなどで見ていると、私たちが期待（？）していたほどには暗い顔はしていない。子供などはテレビの前でVサインをしているぐらいである。

　それでは本当に暗くないのか、と言われると、それも怪しい。ここには人間の心理に関する「からくり」が潜んでいるのだ。「要求水準の法則」と私は名づけている。ある地区で初めて在宅老人のための入浴サービスが行なわれたといった新聞ニュースがあるが、そのとき同じパターンの見出しが現われることにお気づきだろうか。例えば「二十年ぶりの入浴。いい気持ちだ」とか。読者は奇妙に思うかもしれない。二十年も姑に入浴させなかった嫁って、どんな嫁だろう…と。しかし実際にその嫁に会ってみればわかるが、別にそこ

らの女性と変わらない。鬼でも何でもない。しかし姑もよく我慢ができたものだと思うだろう。それが、できるのだ。嫁が同居を始めたとき、こう言ったろう。「お母さま、私が毎日お風呂に入れてあげますからね」。ところが、だんだんしんどくなってきた。「お母さま、お風呂は二日に一回にしましょうか」。姑は初めは気持ちが悪いが、まあ、お風呂は二日に一回でいいのだと納得するようになる。

　嫁はそれもしんどくなってきた。「お母さま、一週に一回にしましょう」。初めは気持ちが悪いが、そんなものだと思うようになる。それもしんどくなってきた。「お母さま、一月に一回に」「一年に一回に」。そしてとうとう「お風呂はやめましょう」となる。姑はだんだん、お風呂は入らなくていいもんだ、と自分に納得させるようになる。

要求水準は最後は「現状」で落ち着く

　自分自身に対する要求水準を下げていっているのである。そうでないと、自分の要求が充足されないままでは神経がおかしくなる。そこで自分の現状に要求水準を下げる努力をする。自己防衛の本能がそうさせるのかもしれない。

　あるとき老人ホームに詳しい新聞記者と話していて、老人が今まさに在宅から施設へ入所するときのことに話題が及んだ。施設での一人のスペースは限られているからほとんどの物を家に置いていかねばならない。しかしそのとき、もう一つ、家に置いていくものがある。「誇り」である。こんなものを持っていったら大変だ。毎日のように同部屋の人と喧嘩しなくちゃならないかもしれない。

　ということは、冒頭の「お年寄りは私が思っていたよりも幸せそうでした」という感想は、必ずしも正しいとは言えなくなる。施設の老人の一見、幸せそうな顔は「誇り」を捨てた顔、要求水準を徹底して下げた結果、生まれた笑顔かもしれない。

■ 第4章「当事者」の心理

最近、ある旅行会社が「寝たきりの人のための介護人付き海外旅行」という商品を売り出した。そこで、老人ホームの寮母対象のセミナーで、「みなさんの中でベッド部屋の老人を海外旅行に連れて行った人はいますか？」と聞いたら、だれかが「だってそんな要求を出す老人はいないもの」と私の質問に異議を唱えた。

　それはそうである。もしそんな要求を出せば、どうせ「馬鹿なことを言わないの」と拒絶されてしまうことを知っているからだ。それにもう要求水準を下げてしまっているから、そんな要求自体が出るはずがないのだ。それでは元々そんな欲求がないのかというと、必ずしもそうではない。

呼び水を出したら一挙にアップも

　最重度の身体障害のあるＳさん（40歳）とかかわったことがある。お母さんと二人暮しで、普段は特別に不自由を感じないが、入浴だけは大変だというので、地元の青年ボランティアが数名、ローテーションを組んで入浴の手伝いに行っていた。ただ入浴だけでは物足りない。かといって何をしたらいいのかわからない。

　そこで私が出向いて彼と対面することになった。あらかじめ、Ｓさんの人生の夢は何かと青年ボランティアのリーダーのＩさんに聞くと、「一度でいいから新幹線で仙台まで行ってみたい」ということだった（Ｓさんの住まいは栃木県にある）。

　ずいぶんケチな夢だなと思いつつ、目の前にいるＳさんに、開口一番「結婚したくない？」とたずねたら、即座に「したい！」と叫んだのである。これにはＩさんはびっくり。「（夢は）仙台だったはず…」と思っていたのだろうが、彼らが見落としていたことがある。「要求水準は刻々と変化する」それも瞬時に激しく上下するという事実である。

じつは、内心、私もびっくりした。Sさんにとって「結婚」などというのは、まさにユメのまたユメである。ところがこんなたぐいのユメをぶつけたのに、彼は（ほとんど躊躇することなく）かくも簡単に反応したのだ。
　そのからくりはそう複雑でもない。まずもって言えるのは、一生の夢が「仙台」なんてありえない。これ自身が非現実的である。ただ、今までは自分の欲求は実現しないし、今後も実現しそうにないので、思い切って要求水準を下げていたまでであって呼び水を出されたら、その水準が一挙にレベルアップしたのである。要求水準を上げるのは、まさに一瞬の間に、であった。老人ホームの老人だって、呼び水を出せばたちまちレベルアップするのは間違いないのだ。

「彼は今働いている」に仰天

　内心の驚きを隠しながら私は彼に言った。「その坊主頭はなんとかならないかね。それじゃ女性にアッピールしないよ」「だって、頭がかゆいんだもの」「そんなこと言ってたらだめよ！」。また「あんた、背広は持っていないの？」「だって生まれてから寝たきりだから背広なんて必要ないもの」「背広も持っていない男性に女性は魅力を感じるはずないだろ！」と私は毒づいたものである。
　これには後日譚（たん）がある。Sさん宅を辞すると、ボランティアのIさんの運転する車で宇都宮駅まで送ってもらった。その車中、二人でこんな会話を交わした。
　私「もしSさんがごくフツーの40歳の男だったら、いま何をしているかね」。
　I「おそらく、結婚して、二人ぐらいの子どもを持ち、日曜には家族連れで釣りなんかに行っているかもしれませんね」
　私「それなら、それを実現させてあげようじゃないか」

■ 第4章「当事者」の心理

それに対しＩさんも「だって……（あんなに重度の障害があるんじゃ、どだい無理）」といった言い方はしなかった。むしろ「それはもっともだ」といった感じであった。それから２～３ヵ月後、Ｉさんに「その後Ｓさんはどうしている？」と聞いてみたら、「いま彼は髪をのばしています」。それからまた２～３ヵ月後、「彼はどうしている？」「いま背広を作っています」。
　それからまた２～３ヵ月後、「いま彼はどうしている？」「働いています」！
　じつはＩさんは地元の福祉団体の職員。上司をたぶらかして（？）、Ｓさんを職員に採用させてしまったのである。しばらくぶりでＳさんに会ったとき、彼の目が輝いているのが印象的であった。「ユメのまたユメ」が実現したとき、人間の表情はこのようにも変わるものなのかと正直に言って驚いた。その後、Ｉさんが苦笑いをして言っていた。「このごろＳさんは『給料が安い』なんて（贅沢を）言い始めた」と。Ｓさんの要求水準はますますレベルアップしつづけていたのである。

所属組織の水準に左右される？

　福祉講座のいっかんで、他人の問題だけでなく、自分自身の「問題」も洗ってみたらどうかと勧めることがある。だれにだって自分が人間らしく生きるのを阻む障害物が一つや二つはあるはずなのに「自分の困ったこと」さがしの作業をやらせてみると、なかなか見つからない。「困ったことは、さしあたってない」と言うのである。これも要求水準が下がっている証拠である。
　では私たちの要求水準を上げさせるにはどうしたらいいか。いろいろな方法があるが、例えば仲間の一人が突然その水準を上げて、私たちの平均よりも突出した生き方を始めたらどうなるか。初めは

けげんな面持ちでその人を見ているが、だんだんその高い水準に周りも引きずられていく。そうやってその水準が多数を占めると、みんなその水準へ向けて一斉に努力を始める。要求水準のレベルは、自分の所属している社会やグループに左右されるというのも事実だ。

　こんな事例があった。タレントのアグネス・チャンさんが子どもを産んだ。それでも彼女は仕事はやめない。となると保育園へ預けるということになるが、自分は簡単に「保育園へ」という気持ちにはなれない。そこで彼女、自分の出演するテレビ局などに子どもを連れてくるようになった。それを見ていて、他のタレントたちが眉をしかめる。「タレントは人にユメを与える商売じゃなかったか。そのタレントが楽屋で胸をはだけて赤ん坊にお乳を飲ませる姿を見せるようではおしまいだ」なんて露骨に非難する有名タレントも複数現われて、たいそう話題になった。しかし彼女はひるまない。「私はただこの子と一緒に居たいだけなのよ」と相も変わらず子連れでの楽屋出勤（？）を続けるのだった。

　ところがそれからしばらくして企業内保育園が生まれ、あれよあれよという間に、それが常識にまでなってしまった。彼女が周囲の好奇の目とあきれ顔にも屈せず子連れ出勤を始めてからそれほど経っていない。彼女の勇気ある行動で、まわりの人たちの要求水準が上がってしまったのだとも考えられる。各自の「要求水準」は刻々と変化していることを知っておくと、いろいろなことが見えてくるはずだ。

■ 第4章「当事者」の心理

2. 弱者は逆転満塁ホームランを狙っている

――強者とは別の道でトップに

「弱者」として生きてきた私

　福祉とかボランティア活動というと、私たちはどうしても活動者の立場から考えがちである。それでいて「対象者とどう付き合えばいいかわからない」とか「相手の求めることをどう察知したらいいのか」などと悩んでいる人が少なくない。

　今回は、思い切って対象者の立場になりきってみよう。彼らの心理の基本構造はどうなっているのか。こういう場合、私は「弱者」という言葉を使うことにしている。福祉（ボランティア）活動の対象と目される人の大部分は、自分を弱者だと自認している。この弱者という意識が、彼らの特異な反応や行動を生み出しているのだ。

　何を隠そう、私自身、自分を弱者とみなしてきたし、それは今も変わらない。幼い頃から病気がちで、しょっちゅう病院に通っていた。気が弱く、いつもなにかにオドオドしていた。加えて人間関係が苦手ときている。そんな自分がイヤでイヤで仕方がなかった。

　学生時代、ラグビーのゴールキーパーをやらされた時、体の大柄な奴に吹っ飛ばされて軽い脳震盪を起こしたことがある。それ以来、私はラグビーがすっかり嫌いになってしまった。今でも、背が高くて頑強そうな人を見ると、生理的な反発さえ覚える。背丈も影響している。大人になってからも157センチ程度。混んだ電車の中などで、自分が谷底にいるような気がしてみじめな気持になった経験などが

重なって、「あゝ俺は弱者なんだ」と思い込むようになった。
　そんな私にとって「社会」という存在自体が恐怖の対象になっていた。そこは強者たちが激しくぶつかり合う戦場のようであった。体質的に受け入れられない社会に対する私の反発は、主として常識というとらえどころのない対象に向かっていった。常識は、弱者の生存権に挑戦してくる。その常識に対する反抗は、結局、自分のまわりのすべての存在にメチャメチャに反抗するということだった。みんなが「いい」と言ったことには、何でも「よくない」と言ってみる。みんなが進んでいく方向には、意地でも行かない。となると、ますます社会からはつまはじきされ、置いてきぼりを食ってしまう。いわゆる「要領の悪い」生き方にならざるを得ない。

強者に反発と、一方では憧れを

　しかし、要領が悪いならば、徹底的に要領の悪い生き方をしてやれと思うと、なんだか腰がすわってくる。弱者に居直ってやれと思うようになった。いつも何かにビクビクしている自分の細い神経、それさえも何かの積極的エネルギーに変質できないものかと考えるもう一人の自分がいて、安心する私なのだ。実際、弱者の心理は複雑である。同じ弱者に共感しながらも、その分だけの嫌悪感としてハネ返ってくる。強者に反発を感じながらも、憧れの気持を抑えきれない。弱者がいつも夢見ているのは、弱者が強者に戦いを挑み勝ち抜いていく姿、弱者が強者になってゆく姿なのだ。
　昔、栃ノ海という横綱がいた。超小兵の彼が超大型力士の大鵬と対決する時の、口をへの字にふんばって、まさに玉砕してゆくさまに、よく感激したものである。狭い土俵、逃げ場はない。それでも逃げるか、もぐり込むか、いちかばちか正面突破するか、頭の中で思いをめぐらしている彼の内面が、私にも手に取るようにわかった。

■ 第4章「当事者」の心理

弱者が逃れ難い障壁に突き当たって、逡巡し、そしてギリギリのところでそれに突進してゆく過程、そのすべてが感動的であった。というよりは、それのみに意義があるように思えた。少なくとも私は人間のそこのところだけに感動するのだ。そこに最も人間らしさが現われているからだと私は勝手に解釈していた。そういう私が福祉の世界に入っていったのは、まったく必然の道であるような気がする。私と福祉との出会いは、ほとんど偶然であったけれども、私の中の弱者が、そこに居心地のよさを感じ取ったのかもしれない。

人間は動物の中の弱者として出発

　そもそも人間というものが動物の中の弱者として出発した。ダーウィンも『種の起源』で「人間にとって、比較的弱い動物から由来したということが、はかりしれない利益となった」と書いている。
　アメリカにエリック・ホッファーという哲学者がいたが、彼もこう言う。「人間の体力の弱さや、速力の遅さや自然に備わった武器を持っていないといったことなどは、第一には武器や道具などを作り上げた知力によって、第二には仲間どうしで助け合うように仕向けてきた社会的な資質によって補ってあまりある」。
　すべての動物の中で人間だけが自分の足りないものを意識している。人間だけが劣等感を持っている。そして人間だけがそれの埋め合わせをする努力をしている。人間の人間たるゆえんはそこにある、と言うのだ。足りないところを埋め合わせしようという衝動、いわば代償作用は、意外にも、自分を除け者にした相手を飛び越えて、新しい価値、世界を作り上げさせていく、というあたりがいちばんおもしろい。
　経済、政治、文化の分野で新機軸を出す人々の前列に、環境に適応しきれなかった人々がいる、と言えば、不思議な感じがするが、

その裏事情を理解すれば納得できるはずだ。自分が今の社会に適応できていると思えば、社会を変えていこうという勇気は出ない。その必要もない。しかし弱者は今の社会があるかぎり弱者の位置に甘んじなければならないから社会を改革していくより仕方がない。どうせ今の社会に希望はないから、思い切ったこともできる。失敗して失うものもない。

弱者の自尊心は、ノコノコと強者の「あとをついていく」ことをいさぎよしとしない。強者の生き方を模倣する行為自体が、弱者を惨めにする。そこで「模倣は、われわれの模倣行為が実際には模倣するものの反対物になるのだと感じられる場合にいちばん抵抗が少ない」とホッファーは喝破している（「変化という試練」）。

教祖になっても自尊心は癒されなかった？

オウム真理教の麻原被告の言動を新聞等で見ていて、弱者の戦術を地で行っているなと感じた。彼は知られるとおり弱視である。「目が見えない自分に犯罪を犯せるはずがない」などと弁明していたが、そんなことはない。その「若干目が見える」ことが、弱視の立場を不安定にしている。

私も視力障害者と接する機会が多かった。盲学校の生徒ともだいぶふれあいがあった。彼らと付き合っていて、弱視の子が、私たちが想像している以上に「不安定な立場」であることに気がついた。一応は目が見えるから、いわゆる盲人の意識は持ちたくない。だから点字を覚えようという気にもならない。さりとて墨字（一般の文字）は、紙に目をくっつけるぐらいにしなければ見えない。一般社会の常識では「見えない」に近い。会社で働けるほどの視力ではないのだ。当然、マッサージなどを職業にする気持ちも起きにくい。全盲の学生に将来の職業はと聞くと、マッサージ業と即座に返って

■ 第4章「当事者」の心理

くる。ただし中学部のときは「ぜったいイヤ！」などと反発するが、高等部になると「ぼくはこの職業に誇りを持っている」などと心境の変化をきたす、やむをえずかもしれないが……。

盲学校時代は全盲生をケライにお山の大将

　麻原被告に関する情報を集めてみると、熊本盲学校時代、彼は全盲の生徒たちをケライにして「お山の大将」を気取っていたらしい。もともと盲学校には行きたくなかったのに、親に強引に通わせられたのだとも言われている。それに、とてつもなく高い自尊心というか、誇りをもっていたらしい。

　もしかしたら彼の最大の不幸は、この法外な誇りというものを（生れながらに）負わされたことかもしれないとも思う。この誇り高い男が、弱視という不安定な立場に置かれたことで、ボロボロに傷ついた。社会への復讐心がムラムラと湧き起こったに違いない。厄介なことに、この復讐心は、いつまでたっても消えない。誇りはつぶされるままなので、ということもあるが、弱者の不幸は、その弱者の意識がいつまでも消えないことである。ある程度、社会で安定した地位を占めるようになっても、この意識が残り続ける。したがって社会への復讐心というものも、相変わらず持ち続ける。

　現に、ある時期、彼は宗教家として、社会ではエリートといわれる若者たちをズラリと部下に従えるに到ったのだが、彼の潰された自尊心はまだ癒えることがなかったのかもしれない。その一見安定した地位さえも、その自尊心を癒すほどではなかったのだろう。栄光と挫折という両極端の体験が、時を同じくして彼を襲ったのは、何にもましてこの「法外な自尊心」のせいだったのかもしれない。

　弱者は、その崩された誇りを取り戻すために独特の戦い方を選んでいる。強者と同じ道は絶対に避け、なんとしても違う道を探し求

める。強者と正反対になるのなら、むしろよしとする。正反対どころか、弱者が狙っているのは強者よりも「前へ出る」ことである。そのとき初めて弱者は心の安らぎを得る。となると、だれもがまだ目を付けていない新しい領域で、そのトップの座を占めることに弱者は、戦いの最終目標を置いているといってもいいかもしれない。

若き超エリートたちを配下に収めた

　麻原被告はまさにその目標を達成した。視力障害の身でどうやって新しい領域を見つけたらいいのか。彼は「宗教」という世界を見つけた。文化人類学ではよく南太平洋などにいる未開部族を研究対象にしている。私たち人間の社会の作り方の原点みたいなものがその部族の生き方にあるのではという期待もある。

　そんな部族の中で、たまたま心身に障害を得たものはどうやって生き延びていっているのか。私はそういう疑問をもって、例えばマリノフスキーといった人類学者の著書を探っていくと、どうやら魔術師あたりに辿り着くようだ。宗教家と医者を兼ねたようなこの役割に身体障害者が多くいるというわけだ。この位置なら身体に障害があっても、落ちこぼれることはない。むしろ尊敬される立場である。

　その位置から、もともと備わっていた頭の回転の速さなどを組合せて、驚くべきことに建築技術者から化学者、自衛隊員、警察官、弁護士、教師、保母、医者など、さまざまな分野の優秀な人材を自分の配下に収めてしまった。

　しかし、彼の自尊心はそれでも癒されなかったのか。今になってみれば、そうとしか考えられない。普通の人物なら、この位置に安住してしまうだろうし、またそれだけの位置でもある。しかし彼は、満足しなかった。社会への復讐心は、盲学校の時代から少しも薄れていなかったのか。もしそうだとすれば、これもまた驚くべきこと

■ 第4章「当事者」の心理

と言わねばならない。その結果が今回のおぞましい事件だ。

弱者に教育という武器も与えぬ苛酷な社会

　今の社会が、障害者などに対して、しっかりと弱者の戦い方とそのルールについて、系統的な教育をしていれば、また違った結果が出たかもしれないとは思う。弱者論みたいな科目をあえて設定して、お互いがなんとなく腹に持っている、弱者という意識とその意識に基づいた行動様式をきちんと見つめさせ、その健全な活用法を教えるのだ。強者とまともに戦ってはならない。新しい適応領域を探せ。そのための技術は教える、と。

　養護学校という発想自体は、競争を避けさせるという意味では、弱者の戦い方に即しているように見えるが、そうではない。日本では、養護学校に入れられると、たしかに同じ障害児同士だから安心ではあるが、しかし一般の学校よりも「高度」とは言えない設備や技術水準の教育を受けさせられるから、卒業後には、入学時以上に一般の生徒よりも不利な状態に置かれてしまう。卒業すれば、障害者の作業所に行けるのはまだ幸せな方で、たいていはまた家の中に閉じこもるだけだ。

　もし本当に戦いの一方法として「競争を避ける」のなら、養護学校に一般の学校以上にすぐれた教育機器や人材を投入して、卒業時には企業からの求人が殺到するようにすべきなのだ。

　「障害児にも普通学校へ」というＮＰＯの組織がある。もう何十年もこのテーマを実現すべく活動している。ということは、いまだにこれが実現していないということでもある。おかしな話ではないか。障害児にとっては教育は、特に身体障害児には、最大の武器を磨く機会である。体で戦えなければ、頭で戦う以外にないではないか。その教育を受ける機会を障害児から剥脱しつづけているのが日

本という国の現状なのだ。

　盲目のバイオリニストがいる。未熟児網膜症で生まれたとき、母親はこの子を普通の学校に入れず、バイオリンの先生に付けた。普通の学校に入れて「普通の教育」を受けさせても、勝負にならない、どころか差は開く一方だと思った。彼女はその代わりに「英才教育」を選んだ。これが成功した。彼は今や世界を舞台に活躍する超大物なのである。

　「法外な誇り」を親から受け継いだ弱者に、やすらぎの地を保証するには、社会は思い切った対応を考えねばならないかもしれない。フェアネスの発想である。「福祉サービス」ではなく「フェアな扱い」である。そのためには彼らに、少なくともある領域では一応の誇りある地位を占められるといった位置を与えねばなるまい。

いまどき「フェアネス」を具現する人たち

　企業人向け講座を担当した時のこと。前回障害者の作業所で実習したと聞き、感想を聞いたら「障害があるのに頑張っている」「職員の熱意に感動した」のいずれかだった。ところで、障害者は月給いくらもらっているかと尋ねたら、意外な面持ちだった。うかつにも聞き逃したというのだ。あてずっぽうでいいからと言うと、一人がおずおずと「20万円ぐらい？」と言うので私は「エッ！」と驚きの声をあげた。あわてて彼は「30万円？」と訂正。冗談じゃない、全国平均で3千円から5千円、よくて1万円ですよと私が言うと、会場に嘆息がもれた。

　フリーライター・建野友保氏の著書「小倉昌男の福祉革命——障害者『月給1万円』からの脱出（小学館）」によれば、クロネコヤマトを創った小倉氏が福祉に関心を持ち、障害者の作業所で彼等の貰っている月給を初めて聞いたときも、あの受講生と同じ驚きの声を

あげたようだ。「この高度成長を果たした日本で1ヵ月1万円で働いている人がいる!」ことに驚いている。

やっぱり社会には「まともなセンス」を持った人がいるのだ。そのセンスから見れば「(作業所のやっていることは) 経営とは言えません。厳しいことを言えば、経営ごっこです」。

そこで氏は、今まで「ヤマト」に投入したエネルギーを今度は障害者の月給を「10万円」にすることに振り向ける決意をする。氏が目を付けたのがパン。人々が毎日必要とするもので工夫をすれば障害者でもやっていけるのではないかと考えた。氏自ら「老骨に鞭打って」パン焼きの修業から始めるのだから頭が下がるが、首尾よく実験店で月給10万円を実現する。そのやり方を見ると、なるほどと納得させられた。

ハンディを抱えた人の生活レベルを上げるには、「並みの資源」を投入しても駄目だ。他の人よりハンディがあるのだから、その分「ゲタを履かせる」必要がある。ゴルフの「ハンディをつける」だ。障害者に並みの報酬を保障するには、彼らへ「並み以上の資源」を投入させねばならない。氏はそれをそのまま実行した。

小倉氏という「経営の神様」が陣頭指揮を取る。パン生地は、その世界では知られたタカキベーカリーが提供するだけでなく、店舗設備や運営のノウハウ、開店準備要員、作業所のためのオリジナル生地の開発法まで提供。スタッフにはヤマト運輸から数名出向。店舗はヤマト本社ビルの1階を開放と、私たちにはよだれが垂れるほどの贅沢ぶりだ。

氏は作業所職員向けのパワーアップセミナーなどを通して、この経営ノウハウを無償で提供し「月給10万円」を普及せんものと奮闘しているが、コトの成否は、パン作りのフランチャイズ制度を普及させることもさることながら、氏が実行した「逆転の発想」をどれ

ほど職員や一般社会に浸透させられるかどうかにかかっているのだ。

■ 第4章「当事者」の心理

3. 「同病」で癒し癒され

──セルフヘルプグループの意外な効用

いまだに地獄から抜けられぬ被害者たち

　佐賀県で起きたバスジャック事件が一年を迎えたのを機に、ＮＨＫテレビが特集番組を放映した。バスに乗り合わせた人で取材に応じた数名にインタビューするという単純な企画であったが、興味深い点がいくつかあった。

　初めに登場したのは、「ユーキちゃん」という小学生を一人でバスに乗せたことを、いまだに悔いている父親。何も事件が起きなければ別に問題はなかったはずなのに、運が悪かったといえばそれまで。当人にしたら、そう単純に割り切れるというものではない。

　次が、妻を殺されてしまった夫。朝、散歩の後に彼女の墓に詣でるのが日課になっている。やり場のない怒りをこの行為でわずかなりとも鎮めたいという切なる願いなのだと心情を吐露する。「この苦しみや（犯人への）憎しみは死ぬまでつづくのではないか」と、わが心をもてあましているといった感じだ。

　バスジャックされた直後に、バスから飛び降りた男性も取材に応じた。結果としてそれが犯人の怒りを買い、「みせしめのため」と女性が刺し殺された。事件以降、非難の電話が絶えないという。「針のむしろ」の日々だったのだろう。とにかく警察に通報しなければという意図が、裏目に出てしまった。「あのとき、どうすればよかったと思いますか」というＮＨＫの質問に、しばらく沈黙のあと、「それを誰かに教えてほしい…」。

犯人の「男たちは出ろ」の指示に従って降車した男性の一人も、画面に登場した。「あれだけ男がいたのに、なにもできなかったのかと言われるが、私もそう思う。でも、あそこで攻撃に出て、それが失敗したら修羅場でしたでしょうからね」と、わずかに自分を慰めている。それでも「ふがいない自分」の思いが、一日たりとも消えない。

苦しみを語り合って癒し合い

それぞれがそれぞれの立場で、自分のとった行動を悔い続けている（いくら悔いてもどうしようもないことではあるが）。あるいは肉親の「非業の死」に対する苦しみから逃れられないでいる。まさに地獄の日々である。

ふと、画面を見ていたカミさんがつぶやいた。「あの人たち、セルフヘルプグループは作らないのかなぁ」。それは、私も思っていた。奇しくも二人は同じことを考えていた。すると、場面は意外な展開をみせた。最初に登場した（ユーキちゃんの）父親が、他の被害者を訪問し始めたのである。「わが子があのときどんな恐怖を味わったのか、（体験していない私には）いくら想像してもわからないのですよ」。そこで「あのときのこと」を聞かせてもらうべく、訪問することになった。

画面では、事件以降、まだバスに乗れないでいる主婦宅の訪問に取材陣が同道していた。主婦は後向きで、表情は見えない。「私がそばについていてあげなければどうしようもないんです。なにか方法があるんでしょうが、それがわからないんですよ」と夫が途方に暮れたように、ボソボソと訴える。

すると（ユーキちゃんの）父親が、「なぜあのとき子供一人でバスに乗せてしまったのか…」と、またあの「悔い」を繰り返し始めた。

それに呼応するように、今までただ泣くばかりだった主婦が、「あなたがそのことでなにも悔いることはないんですよ。だれも悪くはなかった…」と慰め始めた。父親の顔が紅潮してくる（嗚咽を必死に押さえようとしているのだろう）。「…そう言ってもらえると、本当に救われます…誰かにそう言ってほしかった」とやっと声を出した。

　そこまで（画面を）見てきて、ああ、もうセルフヘルプグループの萌芽が始まっているではないかと私は実感した。一方は、ただ相手の苦しみの吐露をだまって聞いている。語ることが、ある種の癒しになっているようでもある。主婦は主婦で、訪問者を慰めることで自分も癒されていく。訪問者は主婦の言葉で自身も癒されていく。これがセルフヘルプグループでの営みのいちばん大事な部分なのかもしれない。

これで福祉のさまざまな難問が解ける

　いまなぜかセルフヘルプ・グループが広がっている。広がっているどころか、ほとんど「爆発」と言えるぐらいである。福祉という営みの中で、なぜこの「セルフヘルプ」という部分がこの時期に「爆発」したのか。背景説明はいろいろできるかもしれないが、ともかくもこれが私たちの人間性に即したあり方だからとは言えるのではないか。

　豊かになるほど、私たちのプライドは高くなる一方である。福祉への要求水準も上がっていく。そのとき、もはや「だれかに助けてもらう」という行為自体が、プライドの危機になるのだ。誇りを守りながら福祉問題を解決していく最善の道は、同じ問題を抱えた仲間と協同するということになるのだ。不思議なことに、このセルフヘルプ・グループをつくることで、福祉にまつわるさまざまな難しさを克服することができる。

冒頭の事例でいえば、同じ仲間なら、こちらの苦しい胸の内も打ち明けられる。相手のアドバイスも素直に聞ける。それだけではない。相手の話を聞くこと自体が、相手への癒しにつながり、そういう行動が、当人を癒すという、まことに効率のよい関係なのだ。一般論として言えば……同じ問題を抱えた仲間同士なら、お互いに「助けを求める」ことも抵抗がない。同じ種類の問題を抱えた同士だし、自分も相手の助けになれるわけだから、自分も「助けて！」と言いやすい。

社会へ公然と物申すようになる

　ちなみにここで、セルフヘルプグループの効用を列挙してみよう。前述の指摘を①として、以下、簡単に解説していこう。
②問題を抱えた自分も「担い手」になれる
　先ほどの主婦は、ユーキちゃんの父親を慰めながら、このことを実感したのではないか。セルフヘルプグループづくりを推進していけば、自身、福祉問題を抱えていながらそのさなかにも他の福祉問題を抱えた人の助けになれる（自分と同種の問題だから）という人を膨大な数生み出していく。
③仲間のために行動するのが本人の治療に
　これもバスジャック事件で、説明済みだ。もともとは福祉の対象者である人が、他の福祉問題を抱えた人の助けになることによって、そのこと自体が本人にとっても福祉（治療）効果が期待できるという副産物も得られる。欧米ではこれを「ヘルパーセラピー」と称している。セルフヘルプグループづくりを支援することで、こういう行為を現実に広げさせていくことができる。
④問題を公表できるし、社会へ問題提起も
　不思議なことに、一人ではできないこともグループになるとでき

ることがたくさんある。グループをつくると普段はできないはずの「自分の福祉問題を他者に公表する」ことだってできてしまう。加えて、社会へ向けて、こういうことをしてほしいといった事業提案や政策提案などもできるようになる。

　他の章で「人は困ったことを他者に言いたがらない」と説明した。それは個人のことであって、いったんセルフヘルプグループをつくると、とたんにこの遠慮をかなぐり捨てて、はっきりと社会にも物申すし、公的機関への要求活動も始める。その「変身」ぶりは見事といってもいいぐらいである。

　かつて、静岡県に「藤枝友の会」というグループがあった。そのリーダーが地元のボランティアの月刊誌に原稿を寄せていた。「私たちは○○精神病院を退院した精神障害者の集まりです。みんなで助け合って、一生懸命生きています。退院したいという仲間がいたら、病院に掛け合って退院させ、アパートに住まわせて、みんなで寝ずの看病をしています。たいへんですが、やりがいがあります」と。文章と一緒に、みんながVサインをした写真も載っていた。あっけらかんとしたものである。それを見ていると、こちらも「なんだ、ふつうの人たちじゃないか」。彼らがこれだけ自らをオープンにできたのも、おそらくセルフヘルプグループをつくってからであるに違いないのだ。

⑤隠れていた福祉ニーズが顕在化

　前項のように、グループになると、自分たちの要求をはっきりと社会へ突き付けるようになるから、今まで隠れていた福祉ニーズが表（おもて）に現われるようになる。ニーズ発掘の努力を待つまでもなく、ニーズはむこうから姿をあらわすのだ。セルフヘルプグループの一覧をみると、現代のいちばんホットな福祉問題が網羅されているといっていい。

「福祉の主役は私だ」と言い出す

⑥グループや近隣で助け合いが始まる呼び水

　農協や生協、婦人会などの地域グループ内で、なかなか助け合いが始まらないが、その中の、同じ問題を抱えた者同士がグループ（セルフヘルプグループ）を作って助け合いを始めたら、それが組織全体としての助け合いを誘い出すことも可能だ。同じようにして近隣で同じ問題を抱えた者同士が寄り集まって助け合いを始めると、それが近隣全体の助け合いを引き出す触媒の役割を果たす。

⑦「当事者主体」の福祉への転換を容易に

　セルフヘルプグループの活動は、今はまだお題目でしかない「当事者主体」という理念を現実に具体化させる力にもなるのではないか。この種のグループは、まさにその当事者主体の精神から生まれるものであるし、その実践活動の中で、メンバーがそのこと（当事者主体）を明確に自覚するようにもなる。「私の問題は私が考える」－この自覚がセルフヘルプグループを生まれ出させる。別に何でも自分たちで解決していこうというのではない。ともかく自分の問題を考える主体はこの自分なのだという認識が大事なのだ。

⑧高レベルの福祉が実現へ

　このグループが活動を始めると、自分たちの願いを自分たちで実現していこうとなる。すると、今までの「あつらえの福祉」（担い手主導の福祉体制）では、「ぜいたくな！」と拒絶されていた福祉サービスまで、自分たちで実行してしまう。その結果、今までになく高い水準の福祉が実現することになる。福祉水準をレベルアップさせるという大きな働きもするのだ。

　いま全国で、子連れママの会が盛んに生まれ出ている。若い女性が子供を産むと、昔と違って、家に引っ込んではいない。「子供がい

ても、スーパーにも公民館にも、コンサートにも、働きにも行きたい」。ところが、それを始めると、さまざまなバリアーに出くわす。託児の設備はありません。子連れはお断わり、などと。そこでセルフヘルプグループの結成となる。

ジコチュウの時代にピッタリ

はじめはショッピングや遊園地程度で我慢してきたが、やがて「コンサートへ行こう」となる。ところが子連れ客はお断わり。それなら自分たちで子連れコンサートを開いてしまえ！　「子連れでエアロビクスをしたい」。やっぱり「お断わり」。それならと、自分たちで子供の預け合いをしながら、それを敢行してしまう。これから福祉課題を抱えた人が高質のサービスを求めようとすると、その多くが拒否に遇い、自分たちでそれを実行せざるをえなくなるのではないか。こうなると、これからの福祉の進展には、セルフヘルプグループなしにはありえないこととなる。

⑨自己中心の若者もこの入り口なら取り組む

最近の若者は「ジコチュウ」つまり自己中心主義で、世の為人の為に行動しようという気にならない。困ったものだと大人を嘆かせているが、彼らだって「自分は可愛い」から自分の問題から出発すれば関心を持つ。一人では駄目だから、そこでセルフヘルプグループを作って共同で解決していくということになる。子連れママたちが全国ネットまで作って活躍し、また他のママたちへの支援まで手を伸ばしてもいる。あれはどちらかといえば、健全なジコチュウ活動とは言えないか。

⑩ＯＢをこのグループでフルに活用できる

例えば「寝たきり老人の家族の会」に入会していたが、親を看取り終わってもグループに残って活動を続ける、といった人が少なく

ない。OBという優れた福祉資源がセルフヘルプグループではじつに有効に機能する。福祉の動向を見ていく場合、このセルフヘルプグループの動きにも目を逸らさないことだ肝要だ。

4. 福祉とは「破れ鍋に綴じ蓋」のことだった

――お互いの不足分を補い合えばハッピー

「助け合いをしている」意識はない

　住民同士の助け合いを成功させるには、今まで関係者が作り上げてきた手法ではダメで、別の方法を考えなければならない。その一つが「破れ鍋に綴じ蓋」である。辞書を引くと「人にはそれぞれふさわしい配偶者があるということのたとえ」とある。「破れ鍋」はひびの入った鍋。「綴じ蓋」は壊れたのを修理した蓋。どちらも完全でないので似合っている、というわけだ。

　これを若干意訳して、不完全な者同士が出会うことで、両者の不完全さが解消される。さらに発展させると、問題を抱えた者同士が出会うことで、双方の問題が同時に消えてしまう、というふうに勝手に理解することにした。助け合いは、文字どおりの助け合いを意図的にやるというものではなくて、それぞれが自身の「問題」を意識し、その解決を願って出会いを求めていく。相手もまた同じ状況のとき、双方が出会い、つまり「破れ鍋と綴じ蓋」が出会って、お互いが相手に役立つものを出し合い、欲しいと思うものをいただき合うことで、結果として両者の問題が解決されていくという構図になっている。

　大事なことは、その間、両者は「助け合いをしている」という意識はほとんどないという点だ。だから「活動をしている」と傍から言われると当惑するのではないか。そんな、きわめてしぜんで、福

社の匂いのしない手法を住民は開発しているのである。

老人にふれあい相手、独身男性には食事を

　ここで一人の女性に登場していただく。早川節子さんという。彼女はほとんど意図的に「破れ鍋」を仕掛けたのである。

　千葉県山武郡大網白里町に住む田中澄子さん（仮称・75）と田中良彦さん（同・75）は、13年前に澄子さんの夫が死亡してのち、兄嫁と弟という義理の関係で二人暮しをしている。二人は、早川さんの主催する「高齢者と障害者の社交ダンスクラブ」のメンバーでもある。このダンスサークルの定例日に彼女が送迎をしているお返しに、毎週土曜日の夜に食事に招かれている。

　「二人は年を重ねるにつれて、少しずつ身体が重くなり、お互いに批判したり、文句を言ったりして暮らしていますが、土曜日の夜は私が来るので、澄子さんは得意技を披露し、喜んでもらえる楽しみを味わい、良彦さんはこの日ばかりはご馳走にありつけて、ハッピーな気分になり、三人は酒を酌み交わし、家族のような絆を深めています。この関係は三年ほど続き『私たちは家族だから』という意識を持ち、何事も打ち明け、甘え、相談し、叱られたりもする仲になりました」（早川さん談）。

　早川さん自身が、活動家でありながら、上手に甘える技術も持っていて、相手といつでも「破れ鍋」の関係に入れる力量を持っているのだ。自分も相手を助けるが、その分自身も気軽にその人に助けてもらおうともする。

　その後、早川さんがグループホーム運営を始めたことで来れなくなり、二人は楽しみが減ってしまった。そこで早川さんは他の人との「破れ鍋」関係づくりの仕掛けを思いついた。「身のまわりにいる知り合いで、寂しい人・どこか豊かさに欠けている人を探し、一人

■ 第4章「当事者」の心理

ずつお連れして相性が良いかどうかお見合いをしてみました。お連れしたすべての人がピッタリ合いました。それは凸と凹がうまくかみあう関係だったからでしょう」。まずは40才独身で一人暮らしの大工。毎日外食で夕飯をすませており、両親は他界している農家の長男。漬物を漬けたり、もちをついたりは大の得意。さっそく家の中を見回し、手すりの必要、階段の段差の不揃いの危険の指摘、テーブルや椅子の足を切って楽な姿勢で食事をすることを勧め、即取りかかった。一方、彼の方は「おふくろの味」に涙を流さんばかりに感激。以後、お抱えの住まいのアドバイザーとなり、重い物の移動まで率先して引き受けているという。

お礼に家の修理や差入れ、福祉情報の提供

二人目は55才の県職員。現在は農業大学で野菜作りを教えている。妻も公務員、しかも役付きのため、家庭サービスなし。いつも一人寂しい食事をしている。彼も澄子さんの手作りの食事に感激。代わりにと毎週、学校でとれる野菜を差し入れてくれる。ローズマリー酒をつけこみ、椎茸のとれる木を持ち込み、とれたての椎茸で夕食がはずむ。公務員なので二人にとっては老人福祉行政の内容や行政サービスに関するアドバイザーとなってもいる。

三人目はアルコール中毒で何回も入院し、それでもやめられず、職場が継続できるかどうかまわりをハラハラさせていた男性。幸い公務員を定年退職できたことはできたのだけれど、妻に見離され、相変わらず酒に溺れている。愛情に飢えていたこの人は田中さんたちの心からの励ましやねぎらいに感激し、自ら病院の送迎や買物の足がわりを引き受け、アルコールから離れるきっかけになればと、毎週の会食をジュースで我慢することで参加、皆の協力を仰いでいる。

四人目は妻に死なれた56才の建築士。娘二人は結婚して家を出て

おり、当人はゴミとほこりの中でろくに食事もとらず、アルコールでお腹を満たし、今、お嫁さん募集中だ。田中さんを紹介したところ一日中しゃべりまくり、やっと人間らしい気持ちになったという。職場でも孤独な仕事で会話はほとんどなし。家に戻っても口をきく相手がいない。土曜の夜の会食は唯一、人間らしさを取り戻す時間となり、彼は顔色も良くなって、色つやも出てきた。毎週の食材の買い出しとお酒の持ち込みはこの人の役目。高給取りだからと言って引き受けている。その代わりに澄子さんはときどき彼の家の掃除を担当している。

ここに集まる人たちは、出会いを重ねるにしたがって親しさを増し、それぞれが個人的にもお互いに必要に応じて支え合い助け合っている。大工仕事を頼んだり、行政のアドバイスを頼んだり、建築士の習っているお茶会に行ってみたり、アル中さんの車で小旅行に出かけたりして楽しみを分かち合っている。

近隣の人も「輪」に入り始めた

これらのメンバーは田中さんのお宅を中心に4キロ四方に住み、10分以内で駆け付けられる距離にいる。田中さんがこの人たちに家を開いていることで「近隣」が少しずつ変化してきているのに早川さんは気づいた。

「日常的には『おはよう』『こんにちは』と声をかけあう関係ですが、いざという時にすぐ力になってくれるのは本来の近隣であることを、田中さんも近隣の人たちも感じはじめてきたのです。徐々に近隣の方々が田中さんの『開いている家』に来てお茶を飲み、グチをこぼしたり悩みを話したりし始めました。その代わりに『一緒に買い物に行きましょう』と誘われるようになりました。また、簡単な家の中の家具の移動などは近隣の人たちが手助けしてくれるよう

になりました。昨年の暮れの大掃除や買い物はすべて近隣の方々の手助けで済ませました」。(早川さん談)

いま田中家は近隣の方々の「駆け込み寺」として、75年のキャリアを生かし、グチを一手に引き受け、耳を貸し、アドバイスし、そのかわり近隣の方々の郷里から届くおいしいもののおすそわけをいただいたりして、忙しいけれど楽しい毎日を送っているという。

住民流に則っていれば人工的仕掛けも有効

近隣という場での福祉活動はなかなかむずかしい、と私たちはよく言っている。一人暮らし老人などに対して勝手にグループを作って見守り活動をしたりしているが、本当にそれが機能しているのか疑わしいところもある。助け合いといえばすぐにでもできそうな感じがするが、近隣という、お互いの顔が見え、お互いが何をしているか筒抜けという状況で、いかにも福祉然とした行為はできにくいのだ。

ところが早川さんの行為は、かなり意図的であるにもかわらず、だいぶうまくいっているようである。もし彼女が田中さんや大工さんなどに「ケース」といった目を向け、それぞれの問題を解決してあげるといった顔をすれば、当然拒否されたであろう。しかし彼女の手法は「破れ鍋」型。どちらがどちらを助けるとか助けてもらうといった関係ではなく、なんとなく両者を結びつけたら双方が凹凸の関係になって、いつのまにか双方の問題が(早川さんなどの努力なしに)解消されていった。

ユニークな試みの背景にはたいてい裏事情

ところで、「苦肉の策もいいものだ」という話をしよう。「苦肉(の策)」——いま自分たちは苦況に立たされている。なんとか打開

策を講じなければならない。そのテはあることはあるのだがそれはあまりに異例のことで、ちょっとまずい。かといってこのままでは破滅だ。よし、こうなれば思い切ってあのテを使ってみるかというわけで、今までは現状にあぐらをかいて、ドラスチックな改善策など思いもよらなかったのに「背に腹はかえられぬ」と、世論をアッと言わせるような「ヒット事業」を企画する。

　新聞紙面を飾る、いわゆるユニークな試みというものの背景には、たいていこんな裏の事情があるのではないかというのが、私の見方である。世の「ヒット活動」の多くがこの「苦肉の策」として、生み出されたものだと考えてもいいのではないか。

　例えば、東京都がある時期考えだしたヒット事業（といわれているもの）――「郵便局の上に老人ホームを」。都市部に土地はないが、しかし郵便局ならいくらでもある。その上に（郵政省と協議して）老人ホームを作らせてもらえれば、いくらでも建てられる！　しかも一階に郵便局があれば、足元で預金はできる、年金もそこで受け取れるとなれば言うことなし、だ。ドッキング相手の郵便局も、階上にお客さまがわんさとやってくるから、こちらも言うことなし。で、この「異人種」同士の結婚話は順調にすすめられたというわけだ。

　中高校内にデイサービスセンターとか老人ホームといった、最近流行している試みにしても、これまでの常識からすれば、学校は文部科学省、老人ホームなどは厚生労働省で、お互いに自分のなわばりを他省に荒らされるなど、とても許しがたいことであったろう。ところが時代は高齢社会。文部科学省もそんな時代の趨勢にさからえなくなった。小学校などは空き教室の問題をなんとかしなければならない。そこで「苦肉の策」とはなった。

　前述の郵便局の上に老人ホームという話であるが、地方に行くと、まったく考えられない。土地ならいくらでもあるから、そういう企

■ 第4章 「当事者」の心理

画が出てきようがないのだ。東京都のヒット事業は、東京の負わされた特異なハンディから生まれてきたものなのだ。

苦肉の策、じつはハッピーな良縁のこと

　ところでこの「苦肉の策」。よく考えてみれば、これは例えば、東京都という一方の側の特異事情で生まれたものではない。事業を構成するもう一方の特異事情と関連しているのだ。

　例えば定時制高校がシニア層を受け入れるようになったというのは、定時制高校が定員割れを起こしたという事情の一方で、シニアたちも自分たちの学習意欲が老人大学程度では充足できないのに、その受け皿が今までなかったという事情と、ちょうどペアになっているのだ。

　つまり二つの「困った事態」がそれぞれ解決を求めてあれこれ模索しているうちに両者が結びつけば、双方の困った事態が同時に解決することがわかって、ドッキングに踏み切ったということである。そのためには双方とも、それぞれの立場から「譲らねばならない」点も出てくる。それを乗り越えてのドッキングである。

　これもまた「破れ鍋に綴じ蓋」のたぐいとも考えられる。異なった「困った事情」を抱えた二者がたまたまドッキングすることで同時に双方の「困った事情」が解消するというものであるが、「苦肉の策」とはまさに、その状態をそれぞれの立場から表現したものにすぎないのかもしれない。

　銭湯が老人福祉センターの役割を担うというのも、本来ならば「乗り気のしない」ことであったはずだ。障害者などが銭湯に通ってくるのを「他のお客が減る」という理由で断った、といったニュースを耳にする。もともとはそういう感覚の銭湯であったが、客が減る一方で「背に腹は変えられない」とコミュニティセンーを引き

受けた。行政だって本当なら銭湯なんかに頼みたいとは思っていないはずだ。しかしこの高齢社会、老人福祉センターを建てる資力はもう財政的にはない。この際、背に腹は……となった。

　介護家庭は、介護機器が足元で得にくい。かといって厚生労働省としては、介護機器センターを各所に作るだけの資力がない。気がすすまないが、どこかとドッキングして、事実上の介護機器センターにするより仕方がない。そこで目をつけたのが町の薬局だ。

　一方の薬局も、ただ薬を売っているだけでは明らかに時代に取り残される。なにか時代に乗っていける方法を考えなければと思っていた。そこに厚生労働省から介護機器センターの話だ。「渡りに船」と飛びついた。介護相談薬局も同じ事情から生まれたものだろう。厚生労働省の事情と薬局の事情がハッピーに結びついた。

　「苦肉の策」をどう見たらいいのか。マスコミあたりは皮肉の目で見ているが、人間というものはもともと、そのように「苦肉の策」としてでなければドラスチックな転換が図れないものなのかもしれないし、それはそれでいいではないか。考えてみれば苦況に陥ってもなかなか誇りを捨てきれずに、破産してしまう企業や事業体もおそらく無数にあることを思えば、まだまだマシというものである。

5. なぜ障害児はいじめられたのか？

——だれもが「むかつき症候群」に罹ったとき

福祉教育モデル校でなんと障害児いじめ

「ふれあい」という言葉がよく使われる。子供と老人のふれあいが、今は流行のようになっている。それだけではない。普通の学校と養護学校とのふれあいとか、普通学級と特殊学級とのふれあいも盛んだ。全国の福祉教育推進の指定を受けた学校が実施するのが、まずこの「ふれあい」イベントである。しかしただふれあえばいいというものではない。

神奈川県のある中学校で起きたことを、同県の福祉関係者に聞いたことがある。その学校は福祉教育実践のモデル校として名高く、マスコミにも頻繁に登場するほどの名物学校にもなっていた。筋ジストロフィーの子をクラスに迎え入れて、級友全員で支えていた。教師は、なにかあったときにこの生徒をすぐさまおんぶして連れ出せるように、教壇の机の中に「おぶい紐」を入れてある。まさに「美談」である。

ところが、じつはそのクラスで陰惨な「いじめ」が行なわれていた。対象がその筋ジストロフィーの子であった。車椅子から引きずりおろして、顔を靴で踏み付けるなどが行なわれていたようである。そのことが長い間、露見しなかったのは、クラス全員がいじめに参加していたからである。

一人の女子生徒がさすがに良心の呵責に耐えかねて先生の所に駆け込んできた。ショックをうけた先生は、生徒たちに反省の作文を

書かせた。その作文を読ませてもらったが、私は腹立たしさが先に立って、「ぼくはこんどのことでとても勉強になった」などといった文面を、とても平常心では読めなかったのを記憶している。(障害を抱えた生徒を迎え入れたことで)生徒たちの心の中で何が起きたのか。

異形の者は他者からの攻撃を誘発する？

　なかなかなくならない「いじめ」の問題にからんで、よく「ヴァルネラビリティ」という言葉が使われている。これを真っ正面から取り上げたのが「エレファント・マン」という映画だった。19世紀末のイギリスに実在した人物(ジョン・メリックという)で、世にも稀なる奇形にうまれたために、人々の蔑視と好奇の目にさらされつづけた。その容貌が象に似ていたため「象人間」と呼ばれた。この若者の面倒を見つづけたロンドン病院の外科医トリーブスによる回想録「エレファントマンとその他の思い出」と、アシュレイ・モンタギューのドキュメント「エレファントマン——人間の威厳に関する一研究」の二つの資料をもとにつくられたという、真実のドラマである。

　トリーブスが見世物小屋で彼を発見したときは、単なる医学的な研究対象にすぎなかったが、そのメリックに豊かな知性と純粋な精神が輝いていることを知り、以後両者の間に「人間」同士の深いふれあいが育っていく。

　しかし皮肉なことに、映画の圧巻はこの醜悪なる容貌を持った男に対する周囲の野次馬たちの残酷な仕打ちの数々である。見世物小屋での扱われ方。街中で子供たちに覆面をとられたあげく、好奇の群衆に追いまわされる場面。トリーブスのはからいでようやく安息の場を病院の特別病棟に得たと思ったのもつかの間、ボイラーマンの手引きで、またまた野次馬たちにいたぶられる。

■ 第4章「当事者」の心理

「象人間」よりはむしろ心ない野次馬の醜悪さこそ、われわれの目をそむけさせるものではあるのだが、その醜悪さをわれわれ自身も共有しているがために、画面を正視せざるを得ない。映画が終わってもしばらくの間、観客は何とも重苦しい心ですわり込んでいた。前の座席のうら若い女性が静かにハンカチを目に押し当てていたのが印象的であった。

ただただ顔立ちが普通の人と異なっていたという理由だけでこれだけの仕打ちをうけなければならなかった一人の若者の運命に深い同情を感じると同時に、異形の者の存在を恐れるがゆえにか彼を袋叩きにせずにはすまない（自分を含めた）人間の悲しい性（さが）に、ぶつける相手のない怒りを感じるのだ。

正常な日常生活の基盤が崩されるから恐い

この「ヴァルネラビリティ」。攻撃誘発性とでも言おうか。われわれ人間どもは、エレファント・マンのような、異形の存在を視界から排除することで安定した日常生活を確保しようとしていると、人類学者の山口昌男氏は解説する。

自分の身のまわりに（むろん自分自身の中にもだが）これらの「異なる者」が存在すると、自分がよって立っている正常な日常生活の基盤が崩されるからこわい。こわいからそれを寄ってたかって排除する。それが「エレファント・マン」のあの野次馬たちの行動だという。むしろその排除作業をやることによってしか、「正常なる日常生活」の感覚を得ることができない（いわゆるアイデンティティを獲得できない）のが、われわれ庶民なのだともいう。

となると、われわれが市民に障害者と交流させたり、彼らへの理解を求めたりするのは考えてみればずいぶん難しいことをやらせていることになる。そのことを承知した上でやっていることなのか、

ということだ。

　山口氏は「文化における中心と周縁」という言葉を使う。ここでいう「中心」は、人間の生きる総体の中で、正統的なもの、整理され得るものを指し、「周縁」とは、その整理のワクに入りきれないもの。一つの文化は周縁を排除しようとすることによって、その存在を浮き立たせ、等質性を守ろうとするが、しかし、生き生きした文化は、常に周縁からさまざまな挑発刺激をうけることによって得られるというのが、氏の持論である。「中心」と「周縁」のダイナミックなかかわりこそが理想形態だというのだ。むしろ「周縁」に視点の中心を置いて、その立場に立たされた人の目を通して世界を眺めなおし、その人たちの生活感覚を共有することができれば、周縁を媒介にしてより広い観点に到達することができるだろうという。

弱者を排除した文化の中心を刺激

　なんのことはない、いまの福祉関係者の日々の営みそのものではないか。日本の福祉を作り上げた貢献者の一人、糸賀一雄氏の言う「この子ら（知的障害児）を世の光に」は、それを象徴していると言えるかもしれない。それは、真に弱い立場に立たされたものの存在証明を見い出そうとするにとどまらず、これら弱者を排除した文化の中心を刺激し、それに豊かな、より包括的な世界観を提供しようとする遠大な試みだった。

　同じように障害児福祉に一生を捧げた田村一二氏も『ぜんざいには塩がいる』という著書の中で、このテーマに真正面からぶつかっている。「害虫などは、これは人間にとってぐあいの悪いものを人間が勝手に害虫と符号をつけただけのものや、ということはよくわかる。人間の立場だけでなくて、宇宙全体から考えたらそういう動物も宇宙の調和を保つためにはいるのかもしれん」

「(知的障害児のように) 一向に人間社会に役に立っておらんように見えているのに、存在しておるということは、やはりわれわれにはわからぬが、存在するだけの意義があるのやろう。われわれにはわからん存在意義を考えてみるということは、われわれの人間観の拡充につながる仕事」だという。田村氏と山口氏の言い方が奇妙なほど一致しているのがわかるだろう。

現代はみんなが「むかつき症候群」に

ところが、現代文明は依然として、汚いもの、気持がわるいもの、整理されにくいものなどをどんどん抹殺していけば人間は非常に透明な、快適な生活を営めるのではないかと誤解しつづけている。病人は病院へ、老人は老人ホームへ、障害者は障害者施設へと「福祉」もまた、このような不幸な営みの波に乗ってしまっている。

「朝シャン症候群」といわれてから、だいぶたつ。高校生などが、毎朝、学校へ行く前に髪をシャンプーしなければ気持が悪い、というのは、自分自身の中にさえヴァルネラブルなものを見い出して、それを排除しなければならなくなっている証拠だと見たらどうか。大阪で起きたホームレスを河に投げ込んで殺してしまった事件も、やはり「ヴァルネラビリティ」の問題だろう。

そういえば、最近の若者のよく使う言葉に「むかつく」がある。ちょっと不快な感じを抱かせる対象に出会うとすぐ「超むかつく」と言い、場合によっては暴力をふるってまでして、その対象を排除しようとする。

障害児等の施設や学校で、先生による暴力行為が行なわれているらしいことがわかってきた。もしかしたら先生自身が、障害児をヴァルネラブルな存在と見て「むかついて」いるのかもしれない。家庭で介護されている老人への暴力行為も明らかになってきたが、介

護者の心理の幾分かにも「ヴァルネラビリティ」の要素があるのではと思われる。いじめられっ子はどうやら先生にも嫌われているらしいこともわかってきたが、先生自身、いじめられっ子に対して「むかついて」いるのだ。現代人のすべてが「むかつき症候群」に罹っている。

電車の吊り革も汚い、腰掛けも汚い

　最近のテレビコマーシャルを見ていると、企業は「除菌」と「消臭」商品で不況を乗り越えようとしているかに見える。わが息子の消しゴムや下敷きにも「除菌」のラベルが貼ってある。車の中の匂い消しを売り込むために主婦が「おーくさいくさい」とおおげさに鼻をつまむ場面がある。家の中も、除菌に消臭。いずれは、毎日シューシューと薬を散布しなければ安全に生きていけなくなってしまうのではないか。トイレのあの「ウオッシュレット」（要するに水洗式自動尻拭き器）も、すでに国民の相当数が愛用しているという情報もある。電車の吊り革も汚い、腰掛けも汚い。シニア男性に特有の匂いが発見されたという。早速その消臭液が発売されたが、売れ行きは好調だという。

　私たちは企業のリードで、まわりの何もかにもが臭くて汚い、そしてそういうふうに敏感に反応することが、いかにもナウいあり方だと考えるようになっている。つまり私たちの業とも言える「ヴァルネラビリティ」を、むしろ甘やかし、肥大させる方向に文明は進んでいる。そう危惧される昨今ではないか。「アメニティ」という言葉が流行したときがある。私たちの目標は快適さの追求だというわけだ。

■ 第4章「当事者」の心理

今度は私がむかつかれる番?

　ではそのようにして「むかつく」相手を排除したとき、私たちは期待していた「安息」を得ることが出来たのか? じつはそうでもないこともまた、だんだん判明してきた。奇妙なことだが、生徒たちの「むかつき症候群」は、今のように生徒を学力や障害のあるなし等できれいに区分けした教育体系の中から、むしろ増え続けている。ヴァルネラブルな存在を排除するという行為は、その排除作業が終わったあとも、次なる排除の対象を生み出させ、したがってその排除行為をやめさせない。仲間よりスカートの丈がちょっと長かったり短かったりするだけでもう「むかつき」の対象にされてしまう。生徒は各自、自分の何かが「むかつかれ」ないように、登校前にすべてをチェックしている。恐ろしい現象である。

　私はこのごろ、電車などに乗っていても、そこには一律に「健全な人」しかいないことをどうも不安に感じるようになった。社会にはもっといろいろな人がいるはずである。心身に障害を抱えた人もいるだろう。病気に罹っている人も、虚弱でとてもラッシュ時に電車に乗り込めない人も、子供も、妊婦も、乳母車の母も……。

　そのことごとくが排除されてしまい、ここに残っているのは、いままさに健康の真っ只中にいる者だけである。その異常な「単一さ」が私をむやみに不安にさせるのである。この「健全な世界」で最初にヴァルネラブルな存在にされてしまうのが、もしかしたらこの「私」自身であるらしい予感があればこそ、不安はますますつのるのだ。

　「超むかつく」相手とどう折り合いをつけるか。冒頭の障害児いじめの事件。たった一回、施設などでふれあっただけでは、子供たちは(自分たちの心の中にあるヴァルネラビリティという)恐ろしい現実に直面しなくて済むのだろうが、いざその障害児が自分のク

ラスに入ってきて、日常的にふれあわねばならなくなったとき、そうはいかなくなる。とともに、それこそが正念場でもあるのだ。

　この「超むかつく」相手とどう折り合いをつけ、共存していくのか－「ふれあい」事業とはこのように人間の業（ごう）ともいえる「ヴァルネラビリティ」の問題と真っ正面から立ち向かうことなのであった。

　少なくとも「一億総むかつき症候群」に罹っている現代においては、福祉や医療の側、つまり文化の「周縁」に追いやられた側からの「中心」に対する挑発はますます激しく、執拗に行なわれねばならないのだ。それがもしかしたら、「福祉」や「医療」の側の最重要なしごとなのかもしれない。

■ 第4章「当事者」の心理

6. 住民向けに偏見差別大歓迎集会を開く精神障害体験者たち

——当事者の心の持ち方で難題も軽く克服？

　あるセミナーでおもしろい人物に出会った。向谷地生良（むかいやち・いくよし）という人で、北海道は浦河町の日赤病院で医療ソーシャルワーカーをしている。精神障害体験者の生活拠点「べてるの家」の創設を仕掛けた人物として全国で話題になっているらしい。精神障害体験者の地域貢献、社会進出を旗印に「商売」として日高昆布の産地直送、紙おむつの宅配に挑戦。有限会社福祉ショップ「べてる」を設立、などとプロフィールには書いてある。

「精神病院にようこそ」と"絶叫"

　そのセミナーで「べてる」の仲間たちが登場したテレビのビデオが紹介された。彼らは全国の各種団体の集会に招待されて、タレント並みの人気者になっている。冒頭に彼らが自己紹介する場面がある。「ぼくは精神分裂病の〇〇です」「私は△△病の〇〇です」と、ご丁寧に病名付きである。客席に向かってVサインをしている女性もいる。「この病気はね、だれだってなるのよ」などと、あっけらかんとしたものである。その後はエレキギター片手に「精神病院にようこそ」と題した歌を絶叫する。

　なんだこりゃ！　普通はこれらは「隠すべき」ものであったはずだ。どころか、これだけは隠したいと（元）患者たちは願っているはずのことを、冒頭から明らかにしてしまっている。それに、公衆

の面前に顔を見せるものでもないというのがこの世界の常識であった。その常識をかくもあっけらかんと破り捨ててしまっている。

しかし、こうして堂々と、しかも自信たっぷり（？）に自己表明されると「精神病なんて、たいしたことないじゃないか。普通の病気と同じなんだ」と、こっちも思い始めるから不思議である。

自分たちが過疎の町を救うのだ！

向谷地さんの言い種を拾っていくと、こんな個所もある。「『べてる』の繁栄は地域の繁栄」「地域のために」。つまり「べてる」がこの地域のまちおこしの役割を担っていると言いたげである。

一般に私たちは彼らをいかに社会復帰させるか、地域にいかに迎え入れていくかという言い方をする。しかし、と彼は考えた。浦河へ赴任した自分自身がこの土地に魅力を感じていない、どころか、できれば早く出ていきたいと思っている。

人々はみんな札幌へ逃げていくため、過疎地になっている。これといった産業もない。そんな「自分でさえ定着したくない土地」に精神障害体験者を「社会復帰」させるなんてこれはたしかにナンセンスだ。むしろ自分たちがこの何もない土地の救済者になれば、と思うのも道理である。

しかしそれにしてもこれは大変な発想の転換ではないか。いつも救われる対象とされている人たちを、その「復帰させるべき社会」を救済する立場に据えてしまおうというのだから。「この町で暮らしたくないなと思っている人たちが、すこしでも『浦河の町っていい町だね』と言えるようになるために、精神障害を体験した自分たちができることをやろうよという視点が20年前、少しずつ芽生え始めていました」。ごく自然な成り行きだったのかもしれないが、これが彼らにもたらした治療効果は計り知れないのではないか。

「また病気が出たな、順調順調」

　みんな精神障害を体験した者たちである。現実にはいろいろなトラブルが生じる。誰は働いている、誰はさぼっているというグチも出てくる。ところが彼らはそれをマイナスに受け取っていない。意見の対立や価値観の違いが出てくるが、「だから会社はおもしろいのです」と向谷地さんは、また逆説を弄する。「もめごと大歓迎なのです。もめごとや対立が生じると、どこかで『順調、順調』というささやきが聞こえてきます」というから驚きだ。

　サボリを仲間に指摘されれば、また落ち込みが始まる。自分を責めたりしはじめる。「しかし大事なのは、本人がその現実を『いかに生きたか』が大事なのです。不本意な現実の中で、いかに自分を許し、支えたかという『自分に向き合う態度』が大切なのです。そしてその自分の危うさをどう語れたかが大切なのです。失敗するほど生きる勇気が湧いてきます。自分が見えてきます」。

　彼自身、今までソーシャルワーカーとしていかに患者の生活上の問題を解決し、いかに苦労しなくてすませるかを追求してきたけれど、じつはその反対に「当たり前の苦労との出会いを大切にする」援助もそれ以上に大切だと悟ったという。

　衝突、対立が深まれば、また病気が再発する。しかし彼らはそれを否定的には見ない。「べてるでは『順調に病気が出た』と言います」。なんで自分はこうなんだと自分を責める。厳しく自分を追い詰めていく中で、ようやく大事なものが見えてくる。「いいんだよ、これでもいいんだよな。生きるということはこういうものなんだよ。これも生きているプロセスなんだよね、順調順調」という仲間の声が少しずつ心に染みいっていくのだ。病気を治すのではない。それが出れば順調という言葉が自然に出てくる環境。彼等が自分の症状をこ

うして肯定的に見れるようになれば、社会に向かっても隠したりする必要がなくなるのだ。

私たちが日高の昆布を売ってあげる

　精神障害体験者の施設といえば必ず反対運動が起きる。そこでどのようにして地域住民に理解を求めるかが、関係者の頭を悩ませている。ところがここ浦河では、またまた逆転の発想を導入した。「精神科を退院した人たちが繰り広げるエピソードは、すぐ街の噂になり、地域の人たちの視線も厳しく、べてるの家も含めてそのイメージは最悪でした」と彼が言うぐらいだから、彼らの置かれた環境がどんなものであったかはおおよそ想像できるのではないか。

　そこで普通なら、地域で暮らす精神障害者の社会復帰のために協力してくださいと自治会や行政に呼び掛けるところだが、そうしたら「つぶされたと思います」と言うのだ。彼らはちょうどその反対の行動にでた。精神障害の体験者たちが自ら漁業協同組合に行って「日高の昆布をぜひ全国の人たちに産地直送で売りたいので、昆布を分けてほしい」と頼みに行ったのだ。

　「私たちの社会復帰にご理解を！」ではなくて、「町のためになることをしたい！」と訴えたのである。今まで漁業のプロがやっても成功しなかったことを、精神障害体験者の彼らがやってやろうというわけだ。「半ばやけくそ」だったと述懐しているが、とにかく漁協にしてみればこんな有難いことはない。漁協の全面的な協力で昆布の販売がスタートした。

　向谷地さんは、こわいことを言っている。「変な言い方ですが、保健所とか役場の福祉に行かないのがよかったと思います。下手に精神障害者の社会復帰のために作業所をつくりたいと行政に相談したら、地元の理解と協力等という大義名分に阻まれて今の『べてる』

■ 第4章「当事者」の心理

はなかったと思います」。支援者ではなく当事者自身が前面に出て、町の人たちに直接ぶつかったのが成功したというのだ。

「偏見持つのは当たり前」と住民を慰める

　傑作なのが「偏見差別大歓迎集会！」だ。「日頃大変ご迷惑をおかけしています、そういうことに関してはお詫びいたします。普段私たちに感じていることを遠慮なく言ってください」ともちかけ、例によって「精神分裂病の○○です」「アルコール依存症の△△です」と自己紹介。町の人たちも遠慮なく「じつはここ（集会場）へ来るまでは、べてるの人たちが正直言って怖かった」などと発言。偏見差別が話題になると、「偏見？　ああ当たり前です。差別？　最初はみんなそうなんですよ。じつは病気をした私たちも、この病気に非常に誤解と偏見を感じて、慣れるまでは結構時間がかかりました。…だから、あまり無理して誤解や偏見を持たないように努力したり誤解しやすい自分を責めたりもなさらないほうがいいですよ」などと、逆に住民を慰めている。

解決するカギの一つを当事者が握っている

　向谷地さんの逆転の発想で私たちは何を学ぶことができるだろうか。とにかく精神障害ないし精神病といえば差別・偏見とくる。ちょっとこれに引っ掛かったらヤバイと、誰もが遠巻きにしている。「触らぬ神に」というヤツである。だからいつまでたっても、この問題では、オープンな議論ができない。

　そこに一つの出口を彼は提示してくれた。あくまで「たくさんの出口の中の一つ」でしかないが、なかなか意味深長な出口である。一口で言えば、差別・偏見の問題を解決するカギの一つを当人たちが握っているという事実である。

差別や偏見の被害者である当人が、隠すことなく社会の前面に出てきて（顔を見せて）「私は分裂病です」とやってしまう。自身の病気に対して本人がマイナスに受け取っていては、こういうことはできないだろうが。しかしそれができたとき、突如として、社会の反応が変わってくるのだ。「この病気はね、だれだってなるのよ」などと、Ｖサインを示されたら「なるほどそうか」とこっちも思ってしまうではないか。「彼等への理解を」などと救済の対象として社会にアッピールしていると、逆に差別的な心理が生まれるが、その彼等から「私たちがこの町を救ってあげますよ」と言われたら、どうなるか。「差別大歓迎集会」に招かれて、「差別しちゃいけない、などとあまり神経質にならないでくださいね」なんて慰められたらどんな気持ちになるか。私たちの方が救われる思いになるのではないか。

「障害者をジロジロ見るな」

　よく「障害者をジロジロ見るな」と福祉関係者が私たちに警告する。障害者自身、新聞の投書でそういう主張をする。そう言われると、町で障害者を見かけたら、いかに視線を合わせないようにするかに神経を使う。

　私の知っているある最重度障害者は、電動車椅子に乗って、全国どこでも出掛ける「お出かけ魔」だ。その彼がこう言ったことがある。町へ出ると当然、市民の視線が集中するのだが、彼の反応は他の障害者と根本的に違う。普通なら、「あっ、見たな！」と怒るのだが、彼は「ええ気持ちやでぇ」と得意げな顔をする。それだけ注目されていると見ればいいのだ。こう言ってもらえたら、私たちも救われるだろう。当事者次第で差別・偏見問題がクリアできる部分があるということである（むろんこれが問題解決のカギのすべてではないが）。

■ 第4章 「当事者」の心理

体外受精がわが国で初めて「成功」したときのことが忘れられない。あのときは、正真正銘の父親の精子と母親の卵子を、ただ体外で受精させたにすぎない。たいして問題はないはずだと見たマスコミなどは、この人の名前を公表した。
　ところがその人物がひどく怒って、新聞各社に怒鳴り込んだという。びっくりしたマスコミは、以降、体外受精児のケースはすべて匿名で「Ａさん」「Ｂさん」と紹介することにした。おそらくわが国では以後も、半永久的に匿名になるだろう。あのとき、たしか曽野綾子さんだったと思うが、「お赤飯でお祝いしてあげようかと思っていたのに」と残念がっていた。その後、奇妙な噂が広がったという情報もある。奇形児が生まれたんじゃないかとか。ある医師が「あれだけ隠されると、私だってそう思っちゃうよね」なんて言っていた。
　あるとき写真週刊誌を何気なくめくっていたら、グラビア記事として、米国の数十家族と思われる人たち、総勢百人ぐらいが、カメラに向かってＶサインをしているのに出くわした。解説を読むと、彼等はみんな、○○病院で体外受精によって生まれた子どもと親たちだった。ウチの子が、ほらこんなに元気に育ちました。祝ってあげてください、などと言っているような顔である。そうかそうかと、見ている私も、お祝いの一つも言ってあげたい気分になるではないか。彼我の違いは、かくのごときである。

7. 未亡人準備学習ができる国とできない国

――自分という「未来の当事者」に備えるセンス

「老後はボケない」という思い込み

　東京の某地区の生活協同組合で会員向けの映画会を開催することになった。お互い自分の老後を考えましょうという趣旨にふさわしく、出し物は女性監督の手になる痴呆老人ホームのドキュメンタリー作品にした。

　準備に忙しいスタッフの一人から、この映画会への参加呼び掛けのポスターを見せられた。「こう書けば、みんな、ゼッタイ来るわよね」と自信たっぷりだ。彼女が考えだしたキャッチコピーは「あなたもいずれはボケる！」。「いやいや、こう書いても客が来るとはかぎりませんよ」と私。なぜかって、みんな「私はボケない」と考えてしまうからだ。

　いくら「私はボケない」と言い張っても、そううまくはいかない。80代まで生き延びればボケる可能性はグッと増す。むしろ「私はボケる」と考えておいたほうがいいのだ。と、理屈をこねられても「私はボケない」と言い張るご仁は、これからもなくならないだろう。これはもう、危機管理のセンスの問題なのだ。日本人にこの危機管理のセンスが欠けているのではないかと思われる。

「原発事故は絶対起きない」？

　原子力発電所が建設されるとなると、地域住民の反対運動が沸き

起こる。住民は「もし事故があったらどうするのか？」と問い詰める。原発側は「いや、絶対に起こりません」と言い張る。

　考えてみれば「絶対に起きない」というのはおかしい。むしろ起こり得ると考えたほうが正しい。おそらく原発側も住民側も内心はそう考えているはずである。しかし原発側は、その当たり前のことを「口が裂けても」言えない。もし言ってしまったらそこを住民に突っ突かれる。「そら、やっぱり起こるじゃないか」と。しかも「事故は起きない」と言った以上、住民に「一応は避難訓練をしましょうよ」なんて、これまた「口が裂けても」言えない。そうやって何十年も経過してきた。

　ところが茨城県東海村をはじめとして各地でやはり事故は起きることがわかった。そこでようやく避難訓練が実施されるようになった。日本人としては大きな進歩である。

　ちなみにアメリカでは、以前から避難訓練は実施されていた。彼らにとっては「事故は起こり得るに決まっている」のだから、訓練をするのは当たり前だったのだ。そこに彼我の危機管理のセンスの違いをみる。このセンスが欠けているということは、老後対策がしっかりできないという意味で、深刻な福祉問題を生み出す。好ましいことではないのだ。

夫が健在なうちに未亡人準備

　アメリカでは公民館にあたるような場（生涯学習センターあたり）で、プレ・ウイドーフッド・エデュケーションというのが実施されている。直訳すれば未亡人準備教育。まだ夫が生きている間に、その夫が死んだことを想定して、いろいろな備えをしておこうというわけだ。場合によっては、今からスペアの男性友達を作っておこう、となるかもしれない。

もしこれを日本で開こうとなると、果たして客が集まるだろうか。「あんた、今日は公民館でプレ・ウイドーフッド・エデュケーションがあるから行ってくるわね」と妻。「なんだい、そのプレなんとかというやつは」。「要するに、あんたが亡くなったときに備えて、今からいろいろ準備しておこうということよ」と妻が言ったら夫はどう反応するか。「おまえ、おれが死んだらいいと思ってるんじゃないのか？」となって、夫婦喧嘩のタネになること必定だ。

アメリカではこの講座が成り立つということは、夫のものわかりが日本人とはだいぶ違うということだろう。「それはそうだな、おれが死ぬこともありうるわけだ。まあ、しっかり勉強してこいよ」と。

定年退職待ってました離婚

最近、定年退職と同時に妻から離婚を言い渡される夫が増えているらしい。先日、ある主婦と出会ったら、なんだかうきうきしている。なにかうれしいことでもあったのかと尋ねたら、もうすぐ夫が定年退職を迎えるのだと。なるほど、これからはご主人と旅行に行ったり、一緒に趣味をしようというわけですねと言ったら、「とんでもない！」その反対だという。ようやく離婚を言い渡す機会がやってきたというのだ。「これでもわたし、今まで辛抱してきたんですよ」と、夫へのうらみつらみを私にぶつける。勤めから帰ると、まず茶の間のテーブルを指でなぞって、「こんなに汚れているじゃないか。おまえ、今日一日、何をしていたんだ！」と怒鳴る。浴室に入ると妻は着替えを用意するのだが、その積み方の順序が違うと、機嫌を損ねて、パッと放り投げる。そんな日々が何十年と続いたのだから、辛抱ももう限界というわけだ。

その主婦の怨念のこもった言い種を聞かされながら、この夫は危機管理ということを考えなかったのかと思うのだ。こういう仕打ち

をしていれば、老後にどういうリベンジを受けるかと。

「あなたが旅行にいくとしたら、誰と一緒に行きたいですか？」というアンケート調査が毎年のようにどこかで実施される。私の手元にもいくつかの調査結果があるが、内容はまったく同じ。夫は「妻と」と答えるが、妻は「隣の奥さん」または「友人」だ。夫の妻への期待度は約60％で、妻の夫への期待度はその半分の30％程度。これがこの10年、まったく変わっていないのである。これを言い換えると、夫の半分は（定年退職以前から）既に妻から捨てられている、となる。

今から夫婦会話の練習を

渡部某という大学教授が新聞のコラムでこんなことを書いていた。あるとき船上大学という企画に呼応。ハワイだったかへ行くついでに甲板上で学習をしましょう、しかもシニアの夫婦での参加という趣向だった。講師として彼らと一週間かそこらをつきあいながら危機管理というものを考えたというのだ。

初めのうちは夫婦ピッタリと寄り添って、「お互い、こうして一緒に出掛けるのは初めてよね」なんて、まるで新婚気分だったが、2、3日すると、もういさかいをはじめた。それも、夕食のおかずは何がいいかといったたわいもないことでだ。数日すると、二人は（いさかいのあったことを立証するかのように）別々に離れて腰掛けている。一週間もすると、船内のあちこちで同じようなグチが聞こえるようになった。「だから、あの人と一緒に旅行に行くなんて、もともと無理だったのよ」と。

なるほどそうかもしれないと氏は考えた。夫婦は何十年も、一緒になにかをする体験がなかった。そんな二人が突然、船の中という狭い世界で、しかも（子も老親も隣人もいない）二人だけで共同生

活をするなんて、たしかにこれは無茶だったのかもしれないと。そこで渡部先生、船上大学が終わった後、おもむろに妻との会話をやってみようと決めたのである。朝、いつものように、子供は学校や勤めに出て、夫婦だけが茶の間に残される。沈黙が支配する。ここだ！「…今日は…また…暑くなるかなぁ…」なんて。

笑ってはいけない。こうやって妻との会話に慣れておくことが、老後に捨てられない大事な危機管理のひとつになるのだから。

息子に「私の老後は頼むね」と言えるか

いろいろ事例を集めてみると、どうも女性の方が危機管理のセンスは抜群にいいようである。いつだったか、一人のボランティア主婦の取材に伺ったことがある。すると彼女、ボランティアのほかに自宅で裁縫教室も開いていた、それも無償で。そこで私が「きちんと料金をいただいたらどうか」と勧めると、「私は"人貯金"をしているのよ」とヘンなことを言う。老後に要介護状態になった私を助けさせる人材をいま「貯蓄」しているのだというのだ。「教授料をタダにして恩を売って」いる、のである。

などというと、いかにもいやらしい感じがするが、その場にいた私はそういう感じはまったくしなかった。そのしたたかさに感銘したほどである。

その後も、似たような「貯金」をしている女性に出くわす。生協の役員をしているという30代の女性は小学生の子どもに小遣いをあげるとき必ず一言添えるという。「老後の私をしっかり支えるんだよ」と。私ならこう言ってしまうところだ。「老後におまえの世話になんかならんよ」と。世話にならないかもしれないが、なるかもしれない。それなら手は打っておかなくちゃというのがこの生協幹部の考え方なのだ。

■ 第5章 ニッポンの「福祉」風土

70歳のⅠ子さんがやっていることを聞いて、ほとんど感動してしまった。老後の自分の支え手を多方面で「育成」していたのだ。近隣の人たちと助け合える関係になるのに40年かけた。趣味やボランティアグループ内でも「助け合いましょう」と仕掛ける。老人ホームのボランティアをしながら「私が弱ったらお願いね」とちゃっかり園長に予約。裁縫教室を長年やってきて「老後の先生の面倒みちゃう」という教え子を何百人も卒業させてきた。まだまだある。

　こういう「したたかな人たち」を見ていて、その正反対の人たちがいるのを思い出した。新聞コラムを連載したり、ラジオに出演していると、いろいろな相談が押し掛けてくる。そのパターンがほとんど同じなのだ。例えば一人暮らしで、いま深刻な事態が押し寄せてきた。しかし介護保険をはじめ公的サービスの対象には該当しない。かといって、まわりに助け手はいない。どうしたらいいのかと。

　私もいろいろアドバイスをするのだが、なにせ今までⅠ子さんのような準備をしてこなかったので、手の打ちようがない。「あの人に頼んでみたら？」と進言する「あの人」が皆無なのだから。危機管理のセンスがないと、老後は本当にみじめになる。だけでなく、その人の相談に応じる関係者も泣かせることになるのだ。

「来年のことを言うと鬼が笑う」日本

　福祉という営みは、特定の問題が生じたときにそれに対応することというよりは、そうならないようにあらかじめ備えておくことと定義したほうがいいぐらいである。まさに「予防」こそが福祉の真髄であった。これからは福祉（医療もそうだろうが）はますます予防のほうへ進んでいくはずだ。そのとき必要なのが危機管理のセンスである。

　前述のように、日本人（特に男性）にこのセンスが欠けているよ

うなのだが、これはどうもライフデザインのセンスの欠如と裏腹な感じがしてきた。危機管理は「負のライフデザイン」と解することもできる。

　ライフデザインは自分の遠い将来まで見越して生き方をデザインすることである。しかしわが国の諺にこうある。「来年のことを言うと鬼が笑う」。ましてや数十年先のことを考えようとすれば、鬼はゲラゲラ笑ってしまう。遠い将来、何が起きるかわからないのがいいのだと、私たちは納得しているフシがある。

　ある建築家が面白いことを言っていた。あの有名な桂離宮を調査したら、なんと「つぎはぎ」だとわかった。そんなはずはない。時の権力者が十分な準備期間を持って作らせたにちがいないからだ。一体どういうことなのか。私たちは、その全体像を初めから描いてしまうのに興醒めしてしまうのではないか、とその建築家は言っていた。まず母屋を作ってみて、それをあれこれ眺めていて、それじゃこっちにこういう部屋を作ろう、こっちにはこういう部屋をと、継ぎ足していく。そういえばホテルや旅館に行くとたいてい、旧館に新館、新々館というのがあるではないか。

人生は創るものか、待つものか

　電子手帳のメーカーの営業マンが、アメリカに販路を開拓に行った。ところでアメリカ人はどんな手帳を持っているのかと、往来に出て、通行人に片っ端から「プリーズ・ショウミー・ユゥア・ノート」とやってみた。そこで彼は驚いた。

　1ページ目をめくると「私の人生目標は」とある。2ページ目をめくると、その目標を達成するためにこの30年でどういう努力をするか。3ページ目、この20年で…。4ページ目、この10年で…となっている。要するに人生は自分なりの計画を立ててそれを達成して

■　第5章　ニッポンの「福祉」風土

いくことだというのだ。一方の日本人は、人生は明日何が起きるのかわからないのが面白い…。その違いの大きさに営業マンは仰天したというわけである。この違いが日本人の老後の不幸につながっているとしたら、ただ仰天しているだけではすまなくなる。

第5章
ニッポンの「福祉」風土

　私たちの福祉に関する思考に影響を与えているものの最大の要素は、ニッポンという風土であろう。この世界に類例のないユニークな人種のさまざまな特性－ものの考え方や行動様式が、当然、福祉のあり方にも影響を与えずにはおかない。私たちは人間を論じるとき、風土という分母に乗せてすすめれば、より現実論に近づけるはずである。風土は何百年も変わらないという事実を、頭に入れておく必要がある。

1. 「半個」の文化

―― 改めて日本人の文化を整理してみたら

日本人は「個」より「半個」が好き？

　日本の文化風土がいま、グローバリゼーションの嵐に、もまれている。もまれながらもまだ依然としてその根幹の部分は揺らいでいない。日本人の思考・行動様式－いわゆる文化（ウエイ・オブ・ライフという意味での）はそう簡単に変わるものではないのだ。

　これをあえて構造化してみたら、別図のようになった。文化の構図づくりというのはなかなかむずかしい。どのようにでも作り出せるし、またそのいずれもが決定的とは言い切れない不完全さも残る。とにかく図の全体構図を解説しておこう。真ん中にあるのは「世間」。言い換えれば組織である。日本人は「個」を守るよりは、特定の組織の中に埋没してしまうのを好む。もしかしたら私たちは「完全な個」というものを信じていないのかもしれない。私は「半個」と称している。それが私たちの文化なのだ。

　さて、この「組織社会」の中の①関係のあり方と、②役割分担のあり方、それに③そこでの価値観の三つについて、それらしき（その事実を示している）用語・慣用句を、それぞれの項目ごとに並べてある。「関係」は「仲良しサロン」と「親分子分」「身内・よそ者」の三つに分けられる。

　「仲良しサロン」とは、日本の組織が全人的つきあいを要件としていることを示している。特定の目的に絞った組織、というわけにはいかない。おつきあいはオール・オア・ナッシングでなければな

日本の文化風土マップ

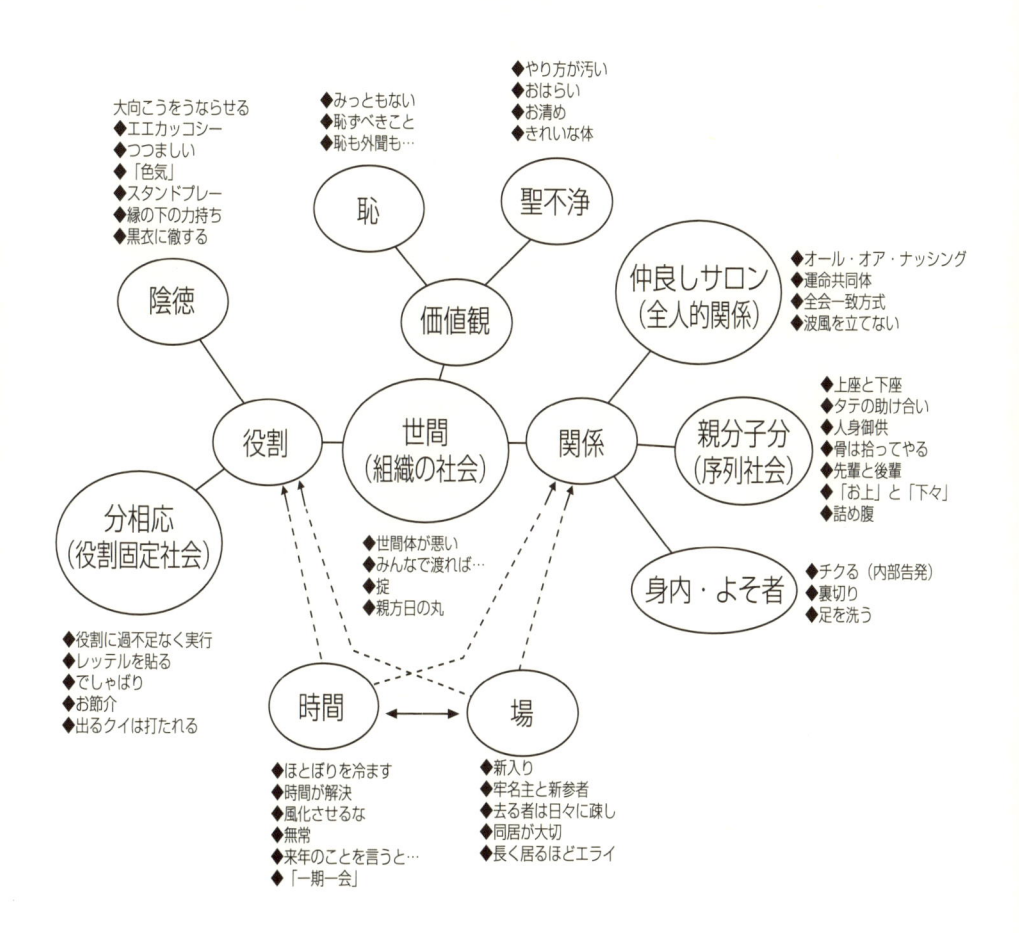

価値観

恥
- ◆みっともない
- ◆恥ずべきこと
- ◆恥も外聞も…

聖不浄
- ◆やり方が汚い
- ◆おはらい
- ◆お清め
- ◆きれいな体

役割

陰徳
- 大向こうをうならせる
- ◆エエカッコシー
- つつましい
- ◆「色気」
- ◆スタンドプレー
- ◆縁の下の力持ち
- ◆黒衣に徹する

分相応（役割固定社会）
- ◆役割に過不足なく実行
- ◆レッテルを貼る
- ◆でしゃばり
- ◆お節介
- ◆出るクイは打たれる

世間（組織の社会）
- ◆世間体が悪い
- ◆みんなで渡れば…
- ◆掟
- ◆親方日の丸

関係

仲良しサロン（全人的関係）
- ◆オール・オア・ナッシング
- ◆運命共同体
- ◆全会一致方式
- ◆波風を立てない

親分子分（序列社会）
- ◆上座と下座
- ◆タテの助け合い
- ◆人身御供
- ◆骨は拾ってやる
- ◆先輩と後輩
- ◆「お上」と「下々」
- ◆詰め腹

身内・よそ者
- ◆チクる（内部告発）
- ◆裏切り
- ◆足を洗う

時間
- ◆ほとぼりを冷ます
- ◆時間が解決
- ◆風化させるな
- ◆無常
- ◆来年のことを言うと…
- ◆「一期一会」

場
- ◆新入り
- ◆牢名主と新参者
- ◆去る者は日々に疎し
- ◆同居が大切
- ◆長く居るほどエライ

らないということである。となると、意見が違ったら関係が気まずくなるから、結局は「波風を立てない」ように気を配る。そこで全会一致方式にならざるをえない。

■ 第5章　ニッポンの「福祉」風土

外務省はNGOを「部下」と見た？

　「親分子分」とは、序列社会であるということだ。助け合いもだからタテ型になる。すると、下が上のために責任を一身に引き受けるより仕方がないし、その代わり「骨は拾ってあげるからな」だ。詰め腹を切らされるというのもこれに該当する。それに日本では全くの平等はなく、必ず先輩か後輩、上司と部下の区別をしなければ落ち着かない。

　組織ではリーダーになると「エライ」感じがしてくるのも、日本の特徴かもしれない。「お上」がエライと自認するのも、この文化のせいかもしれない。問題になったあの外務省のNGOに対する態度も、省が相手を「下」と受け止めているから、ああいうことが起きてくる。「生意気な！」とこちらでは思うが、役人になると、こんな姿勢がしぜんに生まれてくるのだ。「おかみ（お上）」には、庶民よりも「うえ」という意味が含まれているのか？

　「身内・よそ者」は、他の個所でも取り上げてある。組織はどれも同じなのではなくて、自分にとっての身内に属する組織があるとすれば、他の組織はよそ者になってしまう。オンブズマンは、よそ者がこちらを評価するものであるが、日本ではそういうあり方を認めない。評価されるなら身内に、と私たちは願っている。

　そんな文化はなかなか変わりようがない。そこでこの文化のあり方を守りながら、実質的にオンブズマンを派遣したことになってしまうといった新しいあり方が生まれてきた。こちらを評価すべき相手を、まずは身内にしてしまうのだ。「新しい血を入れる」という言葉がある。例えば老人ホームに経営コンサルタントや企業人をスタッフに迎え入れるのだ。彼らが元々の本業の腕で老人ホームの運営を点検すれば、いろいろ問題が見えてくる。それを改善していけば

いいのだ。

　医療事故を防ぐために、外部の関係者によるオンブズマンを受け入れるのはイヤだが、内部の点検チームにシステム工学の専門家や原子力発電所の安全管理者などに参加してもらうことならいいし実際に実現している。どこまで相手を「身内化」するかにかかっているのだ。

「出すぎたクイは打たれない」──ＮＰＯの出現

　さて「役割」の方は二つに分けられる。一つが「分相応」、もう一つが「陰徳」。分相応とは、役割固定ということ。それ以上にはみ出ると「お節介」とか「でしゃばり」と言われる。まさに「出るクイは打たれる」だ。もう一つはすでに取り上げた「陰徳」。自分の貢献はむやみに言いふらすものではないという倫理観がいまだに残っている。「大向こうをうならせる」という言い方には、なんとなく皮肉が含まれていることがわかるだろう。

　もうひとつの「価値観」だが、一つが「恥」。世間から笑われるのが「いけないこと」と、「世間」との関係でものごとの価値が決められている面もある。もう一つが「聖・不浄」の価値観。「やり方が汚い」というふうに使うように、同じ「やる」にも特有の美意識があるのだ。「Ｏ─157」で入院していた子供がようやくクラスに戻ってくることになり、先生が生徒にこう言った。「〇〇ちゃんが、きれいな体になって戻ってきますからね」。もう汚れてはいないから安心しなさいというわけだ。

　下の方に「時間」と「場」とあるが、私たちの関係の持ち方などにこの時間と場の要素が微妙に含まれている。同じ場所に長い時間を居続けると価値が生じる。牢名主とは、刑期の長い人だろう。年功序列というのも、やはり同じ発想による価値の決め方だ。しかも

同じ場を長い間共有していくとそれだけ親近感が生じるし、そこから価値も生じる。逆に場を共有しないとだんだんと親近感が薄れていく。「去る者は日々に疎し」はそのことを表している。日本人は同居をしなくなると、とたんに気持ちも離れていく。どうしようもない事実である。

　もう一つ、日本人の時間感覚の中には無常というものがある。時間がものごとの価値を変えていく。「ほとぼりをさます」とは、時間がたてばしぜんに罪も消えていくという期待がある。「風化させてはならない」という言葉がよく使われるが、それはとりもなおさず私たちがいかに事件を風化させてしまうかを表している。

「〇〇ちゃん」と社長と呼び合う企業

　これが日本文化の構造だとしたら、その根幹から今、変革の嵐に見舞われていることになる。「個の確立」「自立」は、この図の中心に位置する「組織（世間）」を変えていくことにつながる。全人的お付き合いではなくて、特定テーマについての関係どころか、ネットワーク程度の浅い関係を今、私たちは指向している。その浅い関係では序列ができようもない。会社も年功序列を廃止して逆序列さえ導入しつつある。「〇〇ちゃん」と社長と部下が呼び合う企業も出てきた。しぜん身内よそ者の関係も揺らぎつつある。

　分相応（役割固定）も「ボランティア」が評価される社会へと変質しつつある。ボランティアは「でしゃばりさん」を評価するということだ。

　といって、揺らぎつつある一方で、しぶとく根幹は残っている、という事実には変わりがない。これからこの図のどこがどのように変わっていくのか、読者も気をつけて世相を見ていったらどうか。

2. レッテル人貼り人種

―― ボランティアへの「壁」

乗っ取り事件の対応で国民の気質が反映

いつか「乗っ取り」事件がたて続けに起こった。並の飛行機乗っ取り事件では、危なくすると新聞記事としてもボツになりかねないほどの頻度で続発していた。その中でもルフトハンザ機乗っ取り事件は、いろいろな意味でわれわれの関心を集めるだけの材料が揃っていた。

シュライヤー氏の誘拐。乗っ取り。シューマン機長の殺害。人質救出。受刑中の過激派首領たちのナゾの集団自殺。シュライヤー氏の死体発見。過激派による報復爆発事件等々。この過激派たちと西欧諸国民との戦いは、長く続いた。

ちょうど同じ時期に起こった日航機乗っ取り事件での日本政府のとった措置と西独政府の強硬策が好対照を示したためもあって、両事件は奇しくも両国民の性格・気質の違いをはっきりさせてくれた。

事件をもう一度じっくりとふり返ってみると、両国政府のとった措置もさることながら、人質たちの行動にも国民性の違いが反映されているような気がしてならない。

機長はなぜ殺されたのか？

たとえば、あのときシューマン機長はなぜ殺されたのか。乗っ取り機から彼の死体が無造作に蹴落とされたというニュースに接して、はじめ、われわれは何か割り切れないものを感じた。犯人も人間で

■ 第5章　ニッポンの「福祉」風土

あるという考えに立つと、人間としてこう簡単に人が殺せるものか。殺さなければならない緊急事態は、まだ起こっていないはずなのに…。ところが、このナゾが徐々に解けてきた。着陸のとき、彼は機が再度離陸できないように、変則着陸を試みて、車輪を壊したり、機内から、何気なく火のついていないタバコを4本投げ捨てて、犯人の数を外の警備陣に知らせたりした。この行為が、結果として、危険な人質救出作戦を成功に導いたのである。

こうした事実だけを拾いあげてみても、シューマン機長が犯人たちにとって、まったく油断のならない人質の一人であったことは、容易に推測できる。彼の仕業のいくつかが、犯人の神経を極度に刺激した。解放された人質たちの話を総合すると、犯人の無頼ぶりは相当なものだったようだ。機長の執拗な抵抗は、それだけ生命の危険に直結していたことになる。

西欧人の役割感覚の鋭敏さ

シューマン機長の輪郭がはっきりしてくればくるほど、彼の振る舞いがわれわれ日本人と何か違っているなという思いも深まる一方であった。冷酷なほどに、自分の置かれた立場を突き放して見つめ、自分の命がどうなるかということ以上に、その場で自分に課されていると思った役割を果たすことに執着する。そこのところが、どうも日本人にはないところである。

人間は通常の場合でも、それぞれ何らかの社会的役割を担って生きている。しかし時と場合によっては、本人には意外とも思えるような「役割」が張りついてくるものだ。たとえそれをサボっても社会的制裁の対象にはなり得ないたぐいの役割である。交差点で、どこかの子供が危ない渡り方をしようとした。おそらく西欧でなら、その場に居合わせた大人が、サッとその子供をつかまえて、おしり

をピシャリとたたくに違いない。この、役割感覚の鋭敏さが、日本人には特に欠けているようである。むろん、西欧人すべてがこの感覚を十分持っているわけではない。人類が徹底した分業社会に踏み込み、しかもさまざまな社会的機能を国家が吸収してしまってからは、人々の間に「役割放棄」のクセがついてしまった。こうした、世界的な傾向を勘定に入れたとしても、日本人と西欧人との間には、役割自覚への感度で相当の開きがあるようだ。そう言えば、日航機乗っ取り事件でも「なんとか力を合わせて犯人をやっつけてしまおう」と息巻いたのは、西欧人の人質であった。

「レッテル」で縛り合う

　だから、日本人はだらしがなくて、西欧人は勇気がある、などと短絡的な結論を持ち出すのは間違いかもしれない。やはり、文化の型が違うのだ。同じ人質でも、日本人の方は被害者感覚にとらわれ、西欧人は役割感覚で頭がいっぱいになっていた。もっと正確な言い方をするならば、日本人は役割を固定化しがちであり、西欧人は、柔軟なとらえ方をする、ということかもしれない。悪人を捕まえるのは警察。航空機内の責任者はパーサー。自分は「被害者」という立場に…。

　始末の悪いことに、日本では役割がすでに人格化されるほどに、特定の人間と結合されてしまっている。したがってその役割を臨機応変に他の人が代行することが、ますますできない状況ができ上がる。

　日本人はよかれ悪しかれレッテルを貼る名人なのだ。たとえば、ハンディキャップという、人間の置かれた状況の説明にすぎない言葉が、日本人が使うと、人格化されてしまう。まるで、ハンディキャップという特定の人格を持った人間がいるかのようだ。これが役割固定化のなれの果てである。結局、お互いが自分たちの付け

たレッテルで身動きができなくなっている。と同時にここから「差別」が生み出される。だからなのだろう、日航機の人質の中で、犯人に何度も抵抗しては、そのたびに銃で殴られた望月さんという日本人の行為に、同じ日本人から見ていて、何か日本人らしくない、バタくささを感じてしまう。

　西欧人の、時と場所によって、臨機応変に役割を担っていく積極性に、いわゆるボランティア精神の芽生えを見るような気がする。この感覚を鋭敏にはたらかせていったところにボランティア活動が生まれるのだろう。

人間は変わりうることを信じられるか？

　アメリカにエリック・ホッファーという哲学者がいる。学校教育はほとんど受けたことがなく、しかも沖仲士ないしは季節労働者として一生を貫き通したユニークな人物で、氏の哲学もユニークそのもの。

　その彼が一度、自分の国の成り立ちに関わった人たちの「実像」を解明しようと思ったことがある。あの広大な大陸を季節労働者として移動を続けながら、一体「われわれ」の大先輩、つまりヨーロッパ大陸からこの未知の荒野を開拓せんものと渡ってきた人たちとは、どんな人だったかを聞いて歩いた。

　日本の場合は不可能なこの作業があの国では可能なのだ。今の老人たちに、彼らのおじいちゃんか、その親のことを思い出してもらえば事足りるのだからして。そこで描き出された、かの大先輩たちの「実像」とは、なんと、酒場の前であわれな格好で酔いつぶれている男とか、大陸を追われた刑余者・不適応者・病弱者など、要するに社会のお荷物、落ちこぼれたちであったのだ。

　その落ちこぼれたちによって、このすばらしい国ができあがった

のだという矛盾に対して、エリック・ホッファーは、これこそ人間という存在の栄光を証明するものであって、決してその逆ではないと考える。ダメ人間たちも、機会さえ与えられればこれだけ見事な事業を成し遂げ得るということをアメリカ人は歴史によって証明したというのである。

「たしかに、われわれは人間の更生力への信頼を持っている」とホッファーは付け加えた。ここに重要なポイントがありそうだ。ダメ人間も条件次第では変わり得る、つまり人間は「変わり得る」ということをアメリカ人はその短い歴史の中で経験し、自らの血肉としてしまった。

大銀行がヒッピーを雇う国柄

次のような事例をずらっと見てゆくと、その背景にこのホッファーの「発見」がある。両者はつながっているのではないかと考えたからである。

たとえば、かの大陸の大銀行が麻薬常習者やヒッピーを行内の特別訓練コースに参加させ、コース終了後、本人が希望するなら行の正式な職員として採用しているとか、裁判所が犯罪者に対する刑の一種として障害者などへのボランティア活動を課したとかいう事例にお目にかかるたびに、これはおそらくホッファーのいう、人間の更生力への信頼をアメリカ人は持っているからに違いないと思うのだ。この人間は麻薬常習者であって、いくら教育してもその体質は変わるまい、と考えてしまったら、とても由緒ある、しかも信頼が最も大切な銀行が彼を雇用する勇気は出ないだろう。犯罪者にボランティア刑を課するのも、それによって犯罪者は更生するかもしれないと信ずるからであり、だから、ボランティア活動を立派にしとげるだろうという信頼があるからである。決して神聖なるボランテ

ィア活動を土足で踏みにじったわけではないのだ。
　室謙二氏（思想の科学研究会会員）が、一度アメリカ人の友人に、熱心に、「アメリカ人にならないか」と勧められて感動したことがある、と打ち明けている。これはいろいろに解釈、分析が可能だが、やはり人間は変わり得るという信頼がその背景にはあるような気がする。難民を自由に受け入れるこの国の国民性は、ここから来ているのかもしれない。

人が変わるのを恐れる日本人

　どうやら日本人は、「人間は変わり得る」ということをあまり信じていない人種のような気がしてきたのである。一度ワル社会に落ち込んだ人間は、一生その「汚名」がついてまわる。それぞれの人間のある時点での姿をその人の「気質」と認め、いわば本人の背中に貼り紙をしてしまう。この人はワル、この人は障害者、この人は…と、レッテルを貼ることで、初めて安心する。

　未知の人、異質な人ほど、どこかに固定し（措置して）、だれにも見えるようにしておかないと、心配で仕方がない。つまり、人が変わることへ逆に不気味さをさえ感じているのである。定位置に処置されたものは、その位置にふさわしいあり方をすることを要求される。変わってもらっては困るのである。

　人間をそれぞれレッテル化し、固定させようとするところから、特定の人間に対する偏見とか差別が生まれてくるような感じがする。「よどみ」からメタンガスが湧き出るように…。

3. 「身内」大好き人種

——日本人の善意は「身内限定」型

「ずいぶん古くさい話」でもない

　日本の社会風土を表す言葉に、「身内」と「よそ者」というのがある。「ずいぶん古い話を」と唐突に思う人もいるだろうが、そう言う人自身も、無意識のうちにこの「身内・よそ者」意識に支配されている。「古い話」どころか、私たちはいまだにこの発想で日々行動し、ものの価値を決め、人とのつきあいをしているのである。だから、私たちが人間の行動や関係などを研究するとき、「風土」という要素も持ち込まないと、正しい答えに達しないと言ってもいいのだ。

　人間関係で言えば、私たち日本人は「身内」の相手にのみ親密な関係ができるし、その関係はオール・オア・ナッシング、まさに「ぬかみその中まで見せ合う」全人的関係だ。特定のテーマや部分だけのつきあい、というわけにはいかない。

　どの地域にもたくさんのボランティアグループができているが、そこでも「全人的関係」の縛りができている。だから、それを面倒だ、私は活動に関してだけ一緒にやっていきたいと思う人は「個人ボランティア」に徹している。このように、風土という分母を設定して物事を見ていくと、今までとは違った見え方がするはずである。

他党に同調すると、造反呼ばわり

　市民をリードすべき知識人やマスコミ関係者にしても、やはりこの発想から少しも自由になっていない。

例えば、ある政党の△△という派閥に属している議員が、議決のときに他の○○という派閥と行動を共にしたとき、新聞は「身内の反乱」と書き立てる。ましてや野党の議案に賛成した党員が出ると（身内の）「造反」という言葉を使う。これではなかなか自由な投票行動ができない。アメリカで民主党の議員が共和党の議案に賛成するケースと、いかに事情が異なるかを考えればよく分かる。傑作なのは若い新聞記者諸君もまた「古い」日本文化にどっぷり浸っていることである。

「ボランティア」活動はむしろそういう「身内・よそ者」を超えた世界を想定しているのだが、それでも、どちらかといえばまず「身内」に対する活動を優先する。

あの阪神大震災のときに、現地に「馳せ参じた」全国の善意を分析してみても「やっぱり」と思われる。発震と同時に殺到した善意の多くが、それぞれにとっての「身内」へ向けられたものであった。企業なら自社の支店や支社へ、または同業他社へ。生協も同様にそのブランチへ。教組は同じ教組へ。自治体は被災した自治体へ、というふうに。その総量をきちんと測ったら、大変な分量になるのではないか。

オンブズマンも身内を指名する国

「身内」には親切に「よそ者」には冷たく、という言い方をするが、厳密にいうと「冷たく」する以前に、「よそ者」はこちらにとって「関心の外」にあると言ったほうがいいのではないか。「よそ者」はまさに「勘定外」なのだ。

オンブズマンの導入がわが国でも盛んになってきているが、それも「身内」のオンブズマンでないと、まったく受け入れない。

証券業界の不正事件が相次いで、アメリカの証券監視委員会（S

EC）のようなものを作ることになったが、結局は大蔵省（当時）の外局に作られてしまった。なんのことはない、身内が身内を監視するというのだから、アメリカ人などに言わせると、「ナンセンス」となる。それで何の違和感も感じないのが、わが日本人なのだ。

　というわけで、私たちはいまだに「身内・よそ者」の発想に支配されていることがわかった。そんなにこの発想に親しめるのなら、社会（福祉）活動の推進についても、この発想で仕掛けていくより仕方がないのかもしれない。

　例えば、ボランティア活動や福祉サービスの場面でも、なんらかの手法で「身内」の関係にしてしまえば、よりスムーズにコトが運ぶ。「身内化」という言葉を使ってみたい。社会的な活動の場ではたいていは身内の関係など無視されてしまうし、また現実にそういう関係が姿を表すことは、まずない。「社会活動」とはむしろ「身内」などといった関係を超えたところで行なわれるものだと、私たちは考えている。

　しかしそれでは活動はなかなか進まない。放っておけば、やはり人々は「身内」の支援に集中してしまう。そこで、もう一度この概念を取り込んで、なんらかの方法で活動対象との関係を「身内化」してしまったらどうかというわけである。そしたら間違いなくその「疑似身内」へ向かって支援の手を伸ばし始める。

子どもと老人を「里孫」の関係に

　一般に「身内」といえば家族や親戚を指すが、ここではもっと広い意味で使っている。自由民主党にとって「身内」とは同じ党の仲間、あるいは同じ派閥の仲間が「身内」に相当する。「身内」とは、かなりファジーな要素も含まれているということでもある。そのファジーであることを前提として、ではこの「身内」たるの要件には

どんなものがあるのかを考えてみよう。

　例えば、血縁・親類は当然、身内意識がある。最近は「ウソの肉親」づくりが始まっている。血縁関係はないのだが、いかにも血縁があるようなフリをした関係を意図的に作り上げるという手法である。

　東京・東村山市で「里孫」という制度が運用されている。孫といっても、ウソの孫である。「里」という言葉には、その意味が込められている。以前から、市内の小学校の生徒と地元の白十字老人ホームが「ふれあい」活動をしていた。しかし何百人の生徒と何十人の老人をただマス（ひと固まり）としてふれあわせても、個々人にとっては、あまり親近感が沸かないことが問題となった。それでは、両者をペアで結びつけたらとなった。具体的には子ども四人と、老人二人の計六人を「里孫」関係にしてみたのだ。

　これからは、学校に老人を招待する場合も、里孫関係にある者同士になる。老人の買物の手伝いをするときも、自分の「おばあちゃん」を対象にする。そうすると、日曜日などに自分のおばあちゃんに会いに老人ホームを訪れる子どもも出てきている。老人もただの慰問を受ける相手ではなくて、自分の孫なのだという意識でおつきあいを始める。今日は孫が来る日だというと、老人はそわそわしはじめる。施設では依存的な老人も、その日は孫をどういう姿勢で迎えたらいいか真剣に考える。折り紙などの「教材」をわざわざ用意して待っている老人もいる。「身内化」した効用は絶大である。

身内意識は場と時間に正比例する

　同じ場所を共にしていくと、だんだん「身内」意識が双方に芽生えてくる、という事実もある。同じ職場の同僚もそうだ。おもしろいことに、同じ場所を共にする時間が長くなるほど、その相手との身内意識は高まる。場を共にする時間に正比例するのである。日本

の人間関係の深まりは「場所と時間の関数」ということができそうである。それが発展して同居するとなるともっと身内意識が出てくる。日本ではなぜ同居が（期待されたほどには）なくならないのかは「身内文化」という観点から見ていけばなぞは解けるはずである。

息子夫婦と親が同居しているからこそ両者はつながっているのであって、別居してしまうと、とたんに関係が薄れてしまう。北欧などでは、大人になると全員、家を出るが「ほとんど毎日のように親のところに顔を出している」という。日本では絶対にできない。日本は「去る者は日々に疎し」。とにかく同居することでかろうじてつながっていたのだ。

それなら、なんでもいいから二つの人なり組織なり、機関なりを「くっつけて」、というよりは「同居」させてしまえばいいのだ。最近、老人関係施設と児童関係施設を同じ建物の中に作ってしまう、つまり完全にドッキングさせるという方式が広がっているが、それより仕方がないのだ。

その代わり「同居」をすると驚くべき「ふれあい」の効果が出てくる。住友スリーエムの工場内に障害者の作業所を受け入れたら両者のすばらしいふれあいが始まったという報告がある。「〇〇内に」という施設の作り方は、ふれあいや助け合いを容易にさせるための日本的な知恵だったのだ。

ヨソ者同士の「つなげ屋」の要件

しかし、ただ同居させただけでは「身内」意識が育たない場合もある。両者をつなげて「身内化」させる仕掛け屋が必要なのだ。例えば老人福祉センターと児童館を一緒にしたからすぐさまふれあいが始まるかというと、どうもそうではない。

この両者の「縁結び」をする人材の存在が必要らしいのである。

「つなげ屋」である。その「つなげ屋」たるの要件がある。その人はつなげる相手の双方と「身内」関係にある人でなければならないのだ。日本というネットワークが難しい風土で、それでもネットワークを成り立たせる、ほとんど唯一のとも言える方法である。

　ＡＢＣＤという四つのグループがある。それぞれは自分の組織のメンバーだけを身内と考えている。他のグループのメンバーとふれあう気はない。この四つのグループをどうやってつなげるのか。

　ここに「つなげ屋」の存在が浮かび上がってくる。この人は例えば、Ａグループのリーダーをしている。Ｂというグループに以前、所属していた。Ｃというグループのリーダーと懇意である。しかもＤグループとときどき行動を共にするというように、四つのグループとなんらかの関係がある。

　つまり四つのグループといずれも身内関係にある。その人が初めてこの四グループをつなげることができるのだ。なぜか。ＡＢＣＤのそれぞれのメンバーがいずれも「つなげ屋」を自分たちの身内だと考えている。「身内の身内は身内」というわけだ。

バウムクーヘンのように層を形成

　その他にも、同じ問題を抱えているとか、同じ被害に遭った、同じ組織に属している、同じ活動をしている、なども「身内」意識が出てくることは間違いない。

　軍隊時代の関係がいまだに続いている、というよりは、その関係が他の関係よりも圧倒的に強固なままに、何十年も続いているのはまことに興味深い。また同じ場を占めている同士でも、自分に（場所的に）「より近い」相手ほど身内意識は強くなる。身内意識はちょうどバウムクーヘンのように無数の層をなしていて、より強固な相手から、比較的弱い相手へとだんだん身内関係が薄くなっていくよ

うだ。だから、同じ組織に属していても、いざとなったらだれに助けてもらうかと聞くといちばん近しい仲間を指名する。

「内緒話」「内輪話」というのはこういう話ができる相手とは身内関係になったという印なのだ。「これは内緒だけど」と言われたとき、「ああ、俺はこの人と身内関係になったのだな」と実感するだろう。

ということは「身内」意識というのは「よそ者」意識との対比で存在し、育っていくのかもしれない。敵対する「よそ者」の悪口を言い合っている間に、こちらの側の親密感が育っていくのがわかる。同じ理念を共有するからこそ身内意識が生まれる、のではない。他のよそ者たちを一つ一つ「やっつける」ことで、結果として「わがグループは正しい」となる。そういう人種が、身内を超えた世界でのユニバーサルなふれあいやボランティアの精神を育てるのは、なかなかむずかしいかもしれない。

ところで「一杯飲（ヤ）る」という言葉があるが、こんなことも馬鹿にしてはならない。医療・保健と福祉の関係者向けのセミナーで連携の難しさを発表させたあと、それではどうしたらもっとスムーズに連携ができるのかを聞いたら、なんと「とにかくまず一席設ける」と言い出した。お互いにどうしたらネットワークができるのか知っているのだ。

日本は千手観音型サービスが合う？

相互依存・利害関係にある者同士も身内意識が育つ。例えばヘルパーと老人の関係。または、向こう三軒両隣りの「おすそわけ」をしたりされたりする関係。

こういう場合は、とにかく早く「身内」関係にしてしまわないとお互いが苦痛になる。そこでこの人とはその関係になれそうだと察知したとき「これからはなんでもあなたにお願いしますね」と言い

出す。この人はと決めた人にすべてのサービスをやってもらいたいというのが、真の願いのようだ。ある福祉評論家がうまい表現をした。「日本は千手観音型の在宅サービスが合っているのかもしれない」と。

　古い（？）風土が残っていることをただ嘆くだけでなく、それを逆手に取ることでいろいろな可能性も開けてくる。

4. みそぎの儀式

――歳末たすけあいの心理学

　毎年、年の暮れが迫ると、共同募金会やＮＨＫの「たすけあい」受付窓口に、「貧者の一灯」が、ドッと押し寄せる。全国の最寄りの郵便局を通して中央共同募金会へ送られてくるのだが、私が中央共同募金会に在籍していたとき、郵便振替用紙の通信欄に書かれた「寄付者の手紙（メッセージ）」を毎年、丁寧に拾っていった。そこに日本人特有の寄付の動機が浮かび上がってくるのではないかという期待があった。

しあわせのおすそわけ

　たとえば、こんな便りがあった。
　「十月に修学旅行の土産として貯金箱をもらいました。この貯金箱、私自身ある願いをかけ、その願いが叶えられれば百円貯金することにしました。もちろん、百円貯金できることは私にとって幸せなことなのです。私の小さな幸福を少しでもおわけできればと思い送金します。今年は十二月まであまりにも日が少なかったのと、少々不幸な出来事がありましたので少額です。来年はもう少し増やせれば、私にとっても『し・あ・わ・せ』なのですが…」（姫路市・Ｔさん）自分の願いが叶えられるたびに百円を入れる。貯金箱に貯められたお金は、彼女の「しあわせ」のバロメーターになっているわけだ。おそらく、彼女は、百円を入れながら、自分のしあわせを一つ一つ確認していっているのだろう。

寄付は自分のしあわせの確認行為であると同時に、その行為自体が、結果としてまだ幸せをつかんでいない人への、いわば「しあわせのおすそわけ」になっているわけである。数ある「手紙」の中でも、このパターンがいちばん多い。

　「私は69歳。長い人生の間には、いろいろのことがありました。でも、いまだに元気で働いております。この喜びと感謝の気持ちをこめて、恵まれない方々のために一握りの心を送ります」（和歌山県中辺路町・Ｓさん）

　どのような状態に対して「しあわせ」を感じるかは、人によって千差万別だが、これが老人の最も典型的なしあわせ感だといっていいだろう。誕生日がめぐってくるのを機会に、「確認」が行なわれている例も少なくない。

　「住職の誕生日（12月14日）をつつがなく迎えられる感謝を助け合いの一端に変えさせていただきたいと、親子で少しずつ出しあって送らせていただきます。毎年の誕生日の記念行事の一つとして行なっています」（静岡県富士郡芝川町・Ｃ寺一同）「不安と期待の入りまじる中、50年12月に産声をあげた長男も、はや満一歳の誕生日を迎えることができました。不幸にも何らかの異常を持って生まれられた子供たちも少なからずあることを思うと、本当にありがたいなあと思います。わずかではありますが、恵まれない方々のためにお使いいただければ幸いと思います」（Ｙさん）

おすそわけの横流し

　自分が受けた「おすそわけ」を「横流し」するという例もある。「七月に初めての子供が誕生しました。しあわせいっぱいの日々を送っております。同封の一万円は、頂いたお祝い金の一部です。少しですが被災者の方々のお役に少しでも立てれば幸いです」（東京都豊

島区・Eさん）

「私は埼玉県川口市の中学校で美術を教えております。同封のお金は、11月10日未明、隣家よりのもらい火で家が全焼した際、全校生徒がカンパしてくれたものの一部です。生徒会から全生徒に呼び掛け、私のためにとても沢山の見舞い金を集めてくれました。その生徒たちの暖かい気持ちを、私一人で受けるのはもったいなく、私よりももっと恵まれない方々にもこの暖かい気持ちを分けてあげられたらと思います。そして、何らかのお役に立てたらと思い、生徒達の同意も得て、送らせていただきました。多くの人たちがよき春を迎えられんことを祈りつつ、失礼いたします」（埼玉県川口市立H中学校）

自分は、客観的に見れば決してしあわせな状態だとは言えないが、もっと「不幸せな人」を思い描くことによって、相対的に自分の幸せを浮かび上がらせるという手法が、たびたび使われている。貧者の一灯という考え方はここから来ている。

「今年の八月、ぼくの父が急死しました。それからは、毎日さみしい日がつづきましたが、ぼくには母と兄がいます。ぼくよりもめぐまれない子供がたくさんおります。わずかな金ですが、ぼくの心です。つかって下さい」（石川県羽咋市・Tさん）

「現役を退職したOBですが、年金をいただいておりますので、まだまだ私より恵まれない方にと思いまして、少額ですが、貧者の一灯です」（東京都練馬区・Tさん）こうして毎年、歳末たすけあい運動がめぐってくるたびに、寄付できる幸せをかみしめる。その年々の積み重ねがあってはじめて「結局、自分の人生はしあわせであったのだ」という感慨にふけることができる。次の手紙にはそんな想いが込められている。「気持ばかりですが、20年近くお送りできることを、幸せに思います。終生継続できることが、私自身の幸せ

です。人は皆、幸せになって欲しいと念じます」（鳥取県泊村・Fさん）

受けたご恩は返さなければ……

　自分のしあわせを確かめたとき、それを何らかの形で返さなければならないという気持が湧いてくる。そうでなければ、心の中に「借金」がかさむばかりで、落ち着かない。借金返済的な寄付行為が、特に老人に多く見受けられる。

　「台風17号でたくさんの方々の善意を受けました。おかげさまですっかり立ち直りました。少しですが恵まれない方々に差し上げてください」（鹿児島県瀬戸内町・Mさん）

　「私は76歳の一人暮らしの婆で御座います。私ども年寄に大変有難い制度ができ、ビタ一文もかけずに多大なる福祉年金をお恵みくださって、本当に感無量で一日一日を過ごさせて頂いております。つきましては、頂いた年金の中から、雀の涙程で恥ずかしく御座いますけど、お気の毒に思ふ私の心の万分の一を同封いたします。何卒ご笑納下さいませ。合掌」（島根県旭町・Mさん）

　こう見てくると、「歳末たすけあい」運動の中で営まれていることどもは、要するに、日本の伝統的な風習である、向う三軒両隣りの「おすそわけ」と「お返し」と同じではないか。日本的ギブ・アンド・テイクの循環運動が、少々複雑な形をもってこのたすけあい運動に、受け継がれてきている、と解釈できまいか。

　お隣り同士どころか、とてつもなく広大な「社会」という地域感覚を持ちながら、各自が、それぞれの心の中で、自分に対して「おすそわけ」があったことを確認しそれを今度は「社会」へ向けて「返し」ていく。これらの行為は、お互いに相手を見定めながらなされているわけではないが、「歳末たすけあい」という場を通して、各人が「参加」意識を持ったことによって、いわば「社会化された、

おすそわけとお返しのサイクル」が実現されているのである。

年末の「(心の) すすはらい」

　この「たすけあい」に「参加」している人の多くが、「常連」であることが、手紙を見ただけでもわかる。「毎年」とか「恒例の」という枕詞が、頻繁に出てくる。ＮＨＫ放送センターの「歳末たすけあい」窓口を10年以上も担当してきた東京都共同募金会のＴ氏に言わせると、「少なくとも3分の1以上がおなじみさん」だという。「年中行事」化した彼等の頭の中で、この歳末たすけあいは、また別の意味を持ち始めている。例えば、次の手紙。

　「今年は浪人の身ですので、よっぽどやめようかと思いましたけど、やはり年中行事の一つを済ましていないようで気持が落ち着きませんでした。一週間のバス代を節約して、自転車で予備校に通いました。少ないですけど、精一杯の僕の気持です。役立てて下さい」
（京都市・Ｋさん）

　「年中行事を済ませていない」気持のＫさんですぐに思い浮かぶのは、暮れの大掃除である。正月を迎えるためのすす払いと、Ｋさんの顔が二重写しになる。そして、毎年、一番乗りを目指してＮＨＫ放送センターに赴く老夫婦は、まぎれもなくあの正月のお宮参りに違いないのである。

　新しい年を清い心と体で迎えられるよう、日本人はいろいろな行事を作り上げた。Ｋさんにとって、「たすけあい」への寄付はもしかしたら、一年のうちに積もった心のほこりを「神様」にとってもらうための「帳尻合わせ」かもしれない。心の収支勘定を毎年この時期に、少なくともプラスマイナスゼロにしておこうと深層意識の中でそろばんをはじいている日本人の姿が彷彿としてくる。

「きれいなお金」でなければならない

　歳末たすけあいは、日本人にとって、大がかりな「禊（みそぎ）の儀式」かもしれないのだ。身についた「けがれ」を洗い清めてもらうために、神への献金が行なわれる。寄付者が異口同音に使っている「恵まれない人たちへ」は、まるで「神様へ」と言っているように聞こえるのである。

　その神へ捧げる「献金」は、まずもって汚れたものであってはならない。自分の心と体で引き寄せた「きれいなお金」でなければならない。一週間自転車で通うことでバス代を浮かしたＫさんのある犠牲をともなった行為こそは、みそぎを成り立たせる第一の条件である。

　「このお金は、生徒会を中心に廃品回収をして集めたものです。少ない生徒数で小さな部落を回っただけですから、多額のお金は集まりませんでしたが、生徒一人一人が一生懸命重いビンをかかえて奉仕したのです。生活に困っている人などのために少しでも役に立てればと皆で願っております」（宮崎県気域町・Ｎ中学校生徒会一同）

　みそぎのための、ささやかな自己犠牲（いわば、いけにえ）には、いろいろな途があるようだ。「生徒たちがランチの時間に買うはずの飲物やアイスクリームを節約してささげたお金でございます。少額ですが受取って下さいませ」（東京都練馬区・Ｓスクール）「例年行事の忘年会を取り止め、班員４名で協議の結果、不幸な人たちへの援助の一部にでもと思い、僅少で大変恐縮ですがたすけあい義援金としてお送りします」（大分県Ｔ郵便局貯金係外務班・代表Ｙさん）

　幸せと思ったなりに、それがあふれそうになったとき、心の中の均衡が失われそうなあやうさを感じる－この鋭い平衡感覚がみそぎを促しているようにみえる。

年中行事となったみそぎは、各人各様の動機を持って続けられ、さらに次の代へ引き継がれていることが、次の手紙でよくわかる。「前から老母が出しておりましたがその母も昨年9月亡くなりましたので、本年から私が引き継ぎました」（茨城県東海村・Mさん）

わが人格への投資

　この借金の帳尻合わせという「みそぎ」行為を、非宗教的な言葉を使えば、一種の「人格への投資」と言えるかもしれない。毎年、社会の荒波にもまれているうちに、人格的な下向現象をきたす。そのための「増資」だというわけだ。

　たすけあいの窓口に届けられる金のかなりの多くが、小銭で占められている。ビンや空き缶につめられた大量の一円玉や十円玉の勘定に、係員は忙殺されるというのが実情である。「高校3年間のおつり銭を集めておりました。今年卒業ですので少しですがお役に立てて下さい」（鹿児島県天城町・Aさん）「1年間、毎月の俸給の端金です。少額ですが送付します」（愛知県K市・航空団監理部有志）

　毎日毎日、小さなつり銭が出るたびに、「ああ、これは『たすけあい』に」といちいち自分に納得させながら貯金箱に落としていく。相手を思い自らの心を高めながら継続される行為は、もはや金という物の貯蓄ではなく、人格の貯蓄なのだ。歳末たすけあいへの「参加」は、だから、すぐれて自己目的的な行為であり、自己の内なる心との対話なのである。

金に人間的な流通をさせようという努力

　こうした、禊（みそぎ）－人格への投資は、具体的には、金という物体への働きかけを通してなされている。金という、単なる流通媒体が、いつのまにか、人間の精神生活の中にも、ずかずかと踏み

■ 第5章　ニッポンの「福祉」風土

入ってきて、その結果として、われわれの人格的な危機が切迫してきたというのが「現代」の一つの解釈の仕方だ。

金の持つ合理性が人間社会の非合理の世界を「合理化」させようとしたところに問題があったのだが、それをまた、われわれ人間自身の問題としてとらえ直そうとする動きもいつの世にもあった。われわれのものの価値観や人間関係をさえ規定しようとする「金」の圧倒的な力に抗して、再び正常な価値観を取り戻そうとする努力は、たとえば「清貧」の思想と銘打って、あちこちでなされてきた。

「貧者の一灯」の、主たる戦いの相手は「金」であった。「金」に人間の魂を精一杯注ぎこもうとすることが、「みそぎ」の前提となり、人格への投資へと連なる。

一方には、金の純経済的な流通の世界がどっかと腰を下ろしている。しかし、他方で、その金にもっと人間的な流通の仕方をさせよう、そのような世界を切り開こうとする協同行為が、歳末たすけあい運動だと言ってもいいだろう。

一人一人のささやかな、自分自身との対話の行為が、社会的にはそうした協同行為としてくくることができる。要するに、年に一度の、日本的規模の、大がかりな金のお清めなのである。

5. 人身御供の文化

——誰かを差別しなければ安心できない

「群れ」の中で互いのなわばりを守り合う

　欧米では、独立した個人対個人の契約的関係で社会が構成されているのに対して、日本では、まず「群れ」をなし、その「群れ」の中で全人格的付き合いをしていることが、人類学者によって明らかにされた。

　この「群れ」を安定させるためのメカニズム、それが「なわばり」だ。場のなわばり、序列のなわばり、役割のなわばり等、いろいろな「なわばり」がある。個人個人は自分の占める場のなわばり、序列のなわばり、役割のなわばりが固定化されたときはじめて安定感を得る。逆にそれらのなわばりを超えるものは、制裁を受けざるをえない。

　熱心なボランティアに会うと、彼等が必ず同じことを言っているのに気づく。「私ってお節介なタチでしてね」。お節介、でしゃばり、分相応に、あるいは「〜の分際で」などという言葉は、今の時代でも厳然として生きている。ボランティア活動に限らず、最近の新しい民間福祉活動は、良い悪いは別としてこの「群れ」社会の安定機構を無視した、いわば無頼漢たちの動きととられやすい。

「衆議一決」以外は認めぬハーモニー人間

　「群れ社会」の構成員たちは、お互いのなわばりを守りつつ、常にその群れの行方に関心を集中させる。自分がどう考えているかと

いうことは、脇に置いておいて、まず他の構成員がどう考えているかに最大の関心を集中する。自己主張でなく、他に合わせることによって、その群れの構成員たる地位を守ろうとするのである。お互いが、このように「他に合わせる」ことを考えることから、不思議な議決方法が生まれる。とにもかくにも「衆議一決」をめざすのだ。特別の価値基準もなく、なんとなく集団の力関係から偶発的に「かもし出されて」きた一致点に向かって全員が「なだれをうって」合わせていくプロセス－これが日本的な多数決の原理なのだ。欧米人が、自分の考える立脚点を探している間に、日本人は「多数」の行方を見つめている。根っからの「ハーモニー人種」なのだ。

　元ＮＨＫ交響楽団のコンサート・マスターであった海野氏の体験によると、フランスのオーケストラは、一人一人が自己主張をするため、全体として、なかなか統一がとれない。しかしそのバラエティに富んだ不協和音から、奇妙な美しさが生まれる。それに比べて、日本のオーケストラは、よく「合う」。合いすぎておもしろくない、というのである。合わせる名人たちで構成された日本の社会は、欧米人ではとても考えられないほど容易に「衆議一決」を成し遂げるわけだ。

　しかし、各人がその「一決」したものをどれほど「良し」と信じているか、また、それにどれほどの責任を負おうとしているかといえば、話は別だ。とにかく合わせあい、多数派の中に逃げ込もうとすることに全神経を集中する。そして、この多数派の意見に、自動的に価値が付加される。多数派の意見であることが、すなわち正しい意見だという空気が生まれる。少数派の意見が、ものごとの決着がついた後まで尊重され続ける西欧の伝統とは極端に違っている。

「ふつう」に自動的に価値が生じる

　しかもこの多数派の考え方を軸として、じわじわと作られ始める「普通」「標準」の概念にも、自動的に価値が発生する。普通、標準の概念というものは、もともとありえない。これは、むしろ、普通でないもの、標準でないものをむりやり探し出し、それを差別することで相対的に「普通」およびその価値が浮かび上がってくる。私たちは「普通」というあいまいな価値基準を死守するために、「普通」でない者の存在を探し出し、それを差別することがぜひとも必要なのである。そうやって作られたあいまいな「普通」なるものへ、必死に逃げ込もうとしているのが日本人なのである。恐ろしいことだが、みんなが、先を争って「普通」に逃げ込もうとすればするほど、その「普通」の許容範囲は狭くなる一方だ。そうすると「普通」と違う者が、大量に生まれるはめになる。「普通」とちょっと違うだけで社会から排除される。「普通」でない者、「少数派」、「異端」をはっきりと浮き上がらせ、それをきちんと自分たちの群れから排除することによって、またそれによってのみ、群れの性格、共有している価値が相対的に明らかになり、同時に、群れの安定は保たれるという仕組みになっている。

　他と違うことを恐れる日本人と、自分は自分であることを何よりも大事にする欧米人との間には、われわれが想像する以上の文化的相違があるのかもしれない。ましてや、「多数」や「ふつう」に自動的に価値が生じるなど、欧米人にはとても信じられぬことであろう。

　こうして、一方では社会福祉をうんぬんするわれわれの精神構造の一角に、自らそうと意図しないうちに被差別者をたえず作り出してゆく泉のようなものが備わっている。

他とちょっと違うだけで「知的障害」扱い

　知人の重度身障者のM氏は、日本人のこの「普通信仰」を喝破している。

「ひとりの健康な友人が、ある身障者のことを『ちょっと不足した部分がある』と言った。その身障者は短歌などを作っており、もちろん知的障害ではなかった。そのことはその健康な友人もよく知っていた。私がそのとき感じたのは、健康な人々の社会を支えている『常識』や『生活感覚』と呼ばれているものの厳しさだった。そこでは知能指数70以下が知的障害なだけではない。20歳になっても20歳らしい感情も持たず、30歳になっても30歳になれずにいると、知的障害に準じた扱いをされてしまうのだ」

「普通信仰」は、一般に、「常識」という名の衣服をまとって、被差別者を量産し続ける。グラフィックデザイナーの牧口一二氏は、おもしろいことに気がついた。

「日本で古くから親しまれてきた民話『一寸法師』と、アンデルセン童話『親指姫』――このよく似た素材からなっている二つの童話は決定的に違った結末を持っている。親指姫は最後まで小人のままで花の精の王子と結婚し、幸福をつかんだのに対し、一寸法師は『打出の小づち』で『普通』の若者になり、姫と結ばれ、めでたしめでたしとなっている。私は一寸法師の結末に日本的な一面を見る思いがする。一寸法師が普通の背丈にならないと、読者である私たちの気持がおさまらない。私たちは、いつのまにか、普通が『正常』で小人が『異常』だという基準を持ってしまったのだろう。なぜ小人がいけないのだろうか。なぜ『普通』がいいのだろう」。

「正邪」よりは「神聖不浄感」

　もう少し正確な言い方をするならば、私たち日本人は、普通でないものが正しくないとは、決して思っていない。日本人とは、厳密な意味において、正しいとか正しくないとかいう価値判断をしない民族なのかもしれない。極論を言うならば、私たちの価値基準を占領しているのは、正邪の別ではなく、美醜、あるいは聖不浄の観念なのだ。私たちのあまりにも強烈な美意識は、理性的な正邪の念を凌駕してしまったのである。

　今でもなくならない福祉施設反対運動の原因に、日本人の強烈な神聖不浄感があることは、現地へ行ってみればわかる。不浄なもの、醜なるものに対する恐怖感は、私たちには抑えようもないほど、あらゆる場面で沸き起こってくる。私が以前行なった、88の知的障害児（者）施設のアンケート調査によると、反対派の反対理由に「知的障害児がいつ狂暴になるかわかったものではない」という恐怖心があると書いてきた施設が30もあった。むろん、知的障害と精神病との混同ということも考えられるが、もう一つ、醜なるものに対する恐れが、このような錯覚を生み出したとも考えられるのだ。

　小説家の安岡章太郎氏は、視覚障害者と出会ったとき、その周囲に不吉な空気が流れたような気がした、と述べている（日本点字図書館での講演で）。その彼が、肋骨を手術して、胸部にコルセットを付けたとき、自ら不浄感に悩まされ、一定の期間、「物忌み」にこもったという。

　不浄なるものは、どこか遠いところ（われわれの目に届かぬところ）で「物忌み」にこもっていてほしい－そんな願いが私たちの心の内にはある。

第5章　ニッポンの「福祉」風土

皇族が「お清め」の役割を果たしている

秩父にベーチェット病患者の更生施設を建てようとして地元民の反対を受けたが、その反対派の一人が、こう言っていた。「ここは私たちの、いわば聖地である」。聖なる地に不浄の者が入り込むなどとんでもないというのが彼等のホンネだろう。

新聞の「人生案内」にこんなケースがあった。彼は、まだ22歳。結婚しようとしていた彼女から、すでに処女でないことを打ち明けられた。そこで彼が考えた「解決案」は、なんと「お清めをしたい」であった。処女でない彼女に「不浄」を感じたその結果、お払いか何かでお清めをしなければすまなくなったのである。

もう一つは、ある元難病患者の施設に皇族が訪れた話。例によって、その施設も地元民から嫌われていたが、ある日、皇族の一人がこの施設を訪問された。そこで患者たちと握手をし、彼等と「お食事」をともにされた。すると、それ以降、地元民の反対はパッタリとやんだというのである。皇族が一種の「お清め」の役割を果たしているものと考えられる。

私たちの神聖不浄意識にかかれば、福祉の対象者と言われる人は、みなこの「不浄」の部類に入ってしまうのではないか。だから、厄介なことに、私たちの観念はあとからあとから「不浄者」を作り続ける。福祉を前進させる努力に足をひっぱる力が、同じ私たち自身の内に強くはたらいている。

ハンディを持った者を笑う落語の原罪

ハンディを抱えた者に対する対応の仕方も、欧米とはっきり違っている。落語のネタから、差別用語が含まれていないものを探したら、半分ぐらいに減ってしまったと、落語家から聞いたことがある。

そのかなりのものがハンディを抱えた者を笑いのタネにさえしている。「（被差別者、不浄者を）笑わないと、忌みものをよけることができない」（安岡章太郎）という悩みを引きずっている。

「日本の近代社会において市民社会とは一貫して、アカ、非国民、鮮人、部落民、賤業婦、私生児、妾等々、無数の『非市民』を創出することによってのみ、そのリアクションとして成立しえた虚構の体系に他ならなかった」という岡庭昇氏の言葉は、今までの論旨と驚くほどピッタリ合っている。しかも、彼も言っている通り、「これは日本の社会に、なにか遅れた意識が残存しているといったことではない。つまり封建的遺制という観点ではない。日本的近代が原理的にそうであるほかはないという事実である」のだ。

「日本的近代が原理的にそうであるほかはない」ということは、くり返し述べたように、今でも私たちは知らず知らずのうちに、日々、人身御供をせっせと作り出しているということなのである。そうでなければ、自らが安んじることができないという仕組みができ上がっている。

水上勉氏は「（小さいころは）とにかく貧乏だった。にもかかわらず、他人から差別されたという意識は、あまり少年時代にはなくて、むしろ自分の方が、もっと下の貧乏な子をめっけようとしていた」と語っている。「いつもあかつけていて、ワカメみたいな着物着て、縄の帯しめて大手振って来るのが」いて、彼は、その子の存在で「安息」を感じるのである。

宿命的な「差別ごっこ」

次の、中上健二と安岡章太郎のやりとりは、もっともおもしろい。

中上　たとえばヒットラーにはユダヤ人の血がどっかにあって、それでユダヤをやれっていう感じがあった。差別というのは、そ

ういう構造なんですよね。

　安岡　つまり、自分がやれと言わないかぎり、自分自身が差別されるからね。

　中上　そう。人を差別するかぎり、身は安泰なんですよ。そういう、何かややこしいんですよ」（朝日ジャーナル・差別対談より）

　そのように、日本は、差別と被差別の階層連鎖によって、それなりに群れ同士の秩序、また群れの中の個人同士の秩序が保たれるという奇妙な社会構造をもっている。まさに「差別ごっこ」だ。

　日本人の「差別癖」がこの国の生活、思考様式の根幹に由来しているのだとすればちょっとやそっとのことでは改善の見込みなどありえない。「障害者に思いやりを」などとふれまわった程度では、それこそ焼け石に水。それ以上に差別活動は活発になるのが目に見えている。私たちのものの見方、考え方、人間関係のつくり方、群れのつくり方そのものにメスを入れた、社会全体の総がかりの努力でなければならないということなのである。

　少なくとも、福祉は、人間の心の影の部分（病的な部分）に対して常に厳しい目を向けていくことを、第一の仕事にしていかねばならないが…、それにもましてこの日本の文化パターンそのものに効果的な戦いを挑むぐらいの広がりと深まりと、ねばり強さを持った運動でなければ、実際のところ、何の役にも立たない。

　どのような文化パターンもそれなりの歴史と必然性を持っていることは否定しようがないが、しかし、それが「人身御供」を常に必要としているようなメカニズムを内に秘めているとしたら、そのかぎりにおいてどうしても改善されなければならない。たとえ、百年かかろうと、二百年かかろうとも、である。

■ 付録 ■

福祉の人間学・総括表

　これから紹介するのは、本書の構成に沿って、人間の心理を総括したものである。繰り返し述べているように、これはいわば私の独断と偏見で紡ぎだしたもので、読者も各自で自分なりの心理学を展開していただきたい。以下はその参考と考えていただきたい。

（1）「助け」の心理
　①活動者は対象者の立場がわからない（わかりたくない？）。
　②私たちは、自分以外に「恵まれない人」という特殊な人がいると錯覚している。
　③近しい相手ほど、その抱えている問題が（こちらには）見えにくい。
　④足元にある対象（問題）ほど取り組む気乗りがしない、どころか排斥しようとする。
　⑤活動の対象者はどういうわけか「迷惑な人」に見えやすい。
　⑥相手は自分の生活水準より以下のサービスを受けるべしと考えている。
　⑦活動者の自分が対象者から逆サービスを受けるなど「考えたくもない」。
　⑧活動者は自分も福祉（サービス）の対象者になりうる、とは考えたがらない。
　⑨自分のハエを追えない人ほど、他人のハエを追うことに熱心になる。

⑩活動者は対象者と双方向（お互い様）の関係になりたくない。
⑪担い手はミエミエでやりたい（受け手はその逆を望んでいる）。
⑫サービスの一方通行は、双方を腐敗させる。

（特）「やさしさ」の心理
①自分を大事にする人ほど他人を大事にしようとする。
　自暴自棄になっている人から、やさしさは出てきにくい。
②ボランティア体験より、人の情けを受ける方がやさしくなる。
③「豊かさ」から、「やさしさ」が溢れ出る。
④自身何らかの苦難を体験しない人は、相手の痛みを感じようがない。
⑤「人にやさしい」親のもとで育った子は、同様に人にやさしくなる。

（2）「活動（者）」の心理
①福祉活動に踏み込む瞬間は、相当のエネルギーを要する。
②ボランティアをしたい「瞬間」に始めないと、その気はすぐ失せる。
③しばらく活動を休んでいると、もう活動意欲はなくなってしまう。
④活動のための準備作業をやりすぎると、活動意欲が減退する。
⑤日本は役割固定社会。ボランティアは「でしゃばり」と見られる。
⑥日本人は自分ですすんでやるよりも、誰かに指示してもらいたがっている。
⑦自発性とは結局、「自分の気分次第で」になりがちだ。
⑧「無償の行為」も、じつはなんらかのかたちで見返りを求めて

いる。
　⑨「不純な動機」は必ずしも「悪い活動」を生むとはかぎらない。
　⑩活動を始めるのに必要なのは「よい動機」でなく「強い動機」
　　である。
　⑪純粋な動機より、生臭い動機であるほど、活動に活力がある。

(特)「(活動) 組織」の心理
　①日本人は特定目的の追求で割り切る機能的組織づくりは苦手。
　②活動グループでも「全人的つきあい」(仲良しサロン)を求めて
　　いる。
　③人間関係がうまくいかねば、グループを去るより他にない。
　④他の組織を排斥することで自組織のアイデンティティを確認し
　　ようとする。
　⑤どんな組織でも人は「困ったとき(この組織は)頼りになるか」
　　と測っている。
　⑥それぞれの組織は、他の組織とネットを組む気はない。

(3)「助けられ」の心理
　①人は困ったとき、すぐさま助けを求める、とは限らない。
　②当事者はいかにも福祉臭くない所にそれとなく近づいてくる。
　③福祉機関等に助けを求めに行くのは、かなりのエネルギーが必
　　要である。
　④できれば活動者と双方向の関係になりたいと思っている。
　⑤だから相手に「借金」が多すぎると、助けを求めにくい。
　⑥欲を言えば、逆にこちらに「貸しを作る」立場になりたい。
　⑦助けてもらうばかりの人ほど、他人のために活動したがってい
　　る。

⑧こちらで主導権を握れば、助けてもらうのも苦痛にならない。
⑨低レベルの福祉サービスが、当事者をいっそうみじめにさせる。

（4）「当事者」の心理
①私たちは自分自身の福祉問題は考えたくない、と思っている。
②日本人は「遠い未来」の自分を考えるのを嫌がる（来年のことを言うと鬼が笑う）。
③自分の老後を予測して備える（危機管理）のも苦手（人生は出たとこ勝負）。
④自分が問題を抱えていることに、他人ほどには気づかない。
⑤誰でも自分は問題をかかえていない、という顔をしたがる。
⑥自分の問題が深刻なほど、それを意識の奥底に押し込めようとする。
⑦自分の問題をオープンにしたくない。できれば個人的に解決したい。
⑧ところが、誰かが自分の問題を打ち明けると「じつは私も…」と呼応する。
⑨当事者は自分の悩みを「それとわからないように」吐露する。
⑩当事者はなぜかヴァルネラブルな（攻撃誘発性）存在である。他者にとってもそうだが、本人にとっても（自己攻撃）そうだ。
⑪当事者が自身の問題に肯定的か否定的かで、周囲の反応も変わる。

（特）「強者と弱者の関係」の心理
①弱者は弱者であること自体に激しい憤りと屈辱を感じている。
②弱者は強者に対してだけでなく、弱い自分に対しても敵意を持っている。

③弱者の反抗は、強者の締め付けが厳しいほどラディカルになる。
④弱者は強者と同じ世界に「同居」することを好まない。
⑤弱者はむしろ「強者の上に出る」こと（大逆転）を狙っている。
⑥弱者は強者とは異なる道（正反対の道）を選ぶことで誇りを保とうとする。
⑦強者は、弱者はいつまでも弱者のままでいてほしいと願っている。
⑧強者は強者に都合のよい「常識」を作ろうとする。弱者もまた同じ。

（特）（生活レベルやサービスへの）「要求水準」の法則

①私たちの要求水準は、日々上下を繰り返している。
②たまに要求水準を上げても、それが実現しないと、現状にまで下げる。
③私たちの要求水準は、周りの水準に影響される。
④誰かが要求水準を上げると、周りも上げていく。
⑤人間はどんな低いレベルのサービスにも満足できる。
⑥まわりが呼び水を提示すれば、本人の要求水準は一挙に上がる。
⑦人生の終末期に近づくにつれて当事者と担い手が共同で要求水準を下げていく。

（特）（福祉水準としての）「豊かさ」の法則

①豊かさは、本人の周囲の状況に影響される。
②自分の貧しさは、自分では見えにくい。
③自分が豊かにならねば、相手の貧しさは見えない。
④豊かさのレベルを上げるには、誰かが突出すること。

■ 付録「福祉の人間学・総括表」

⑤豊かになりたいと思うには、豊かさを見せられる必要がある。
⑥自分だけ豊かに、はありえない。まわりも同時に引き上げねばならない。
⑦自分の提供するサービスは、自分の豊かさの水準以下にしたいと思う。

(特)「セルフヘルプグループ」の心理
①自分と同じ問題を抱えた者には「助けて！」と言える。
②当事者グループとしては、堂々と社会へ助けを求めることもできる。
③グループでは、仲間に助けを求めるよりも、仲間を助けることに熱心になる。

あとがき

　本書は、『月刊・保団連』（全国保険医団体連合会・発行）での連載分に、いくつかの章を加えたものである。連載中に好評をいただいていたし、これをヘルパー２級の資格研修で講義をしても、予想以上に好評だったので、いつかは単行本にしようとは思っていた。ちょうど『保団連』の連載が終了した段階で、本の泉社の代表取締役の比留川洋氏から、お話があった。

　このあたりまではたいへんいいタイミングで、その後もコトはスムーズに運ぶかと思いきや、あらためて原稿を見直し、「福祉の人間学」として組み立ててみたら、だんだん自信がなくなってきた。「人間学」といった大げさなタイトルをつけてはみたが、一介の福祉関係者にすぎない私の人間論に、どれほどの価値があるのか。というわけで、しばらくは原稿は、私の机に積まれたままになっていた。ときどき見返してはその値打ちを測ってみるのだが「よし、これでいこう！」と、踏ん切りがつくまでには至らない。

　しかし、少なくとも、ここで書かれている事柄の多くは、今まで福祉関係者の間では、まったくといっていいほど議論されていなかったことではないか。一見、単純な人間論ではあるが、そんな単純な人間論さえも展開されないままに、つまり人間論不在のままに、日々福祉が営まれ、日々新しい福祉サービスが組み立てられている。だから、現場ではさまざまなミスマッチが起きている。この事実も、ほぼ間違いがない。

　それならば、ちょっとおおげさだけど、「福祉界に一石を投ずる」気持ちで思い切って本にしてみようと決断することにした。読者の皆様が、本書をきっかけに、それぞれの立場から人間論を始められるなら、こんなにありがたいことはない。「人間を論ぜずして、福祉を語るなかれ」。これをこそ私は言いたかった。

◆ 著者紹介

●木原　孝久（きはら　たかひさ）

1941年東京生まれ。早稲田大学第一政経学部卒業。救護施設、点字図書館職員、福祉・医療関係雑誌記者、中央共同募金会を経てフリーに。現在「わかるふくしネットワーク」を主宰し住民流福祉のあり方を追求。月刊「元気予報」発行。

主な著書

　『銭形平次はボランティアだった』『住民流福祉活動虎の巻』『住民流福祉の発見』（以上、筒井書房）『「わかるふくし」の発想』（ぶどう社）『サラリーマンのためのボランティア入門』（日経連）等。

福祉の人間学入門

二〇〇二年一〇月一〇日　第一刷発行

著　者　木原　孝久（きはらたかひさ）
発行者　比留川　洋
発行所　株式会社　本の泉社
〒一一三―〇〇三三　東京都文京区本郷二―二五―六
電話　〇三（五八〇〇）八四九四
FAX　〇三（五八〇〇）五三五三
http://www.honnoizumi.co.jp
印　刷　図書印刷株式会社

© Takahisa KIHARA 2002,Printed in Japan
ISBN4-88023-641-1 C0036

乱丁本・落丁本はお取り替えいたします。本書の一部あるいは全部について、著作者から文書による承諾を得ずに、いかなる方法においても無断で転載・複写・複製することは固く禁じられています。